历代诗词分类鉴赏之十二

图文本

闺意·宫词

肠断白蘋洲

changduan baipinzhou

周啸天 等 编著

凤凰出版传媒集团 凤凰出版社

图书在版编目(CIP)数据

肠断白蘋洲:闺意·宫词/周啸天等编著. —南京:凤凰出版社,2009.9

(历代诗词分类鉴赏)

ISBN 978-7-80729-393-4

Ⅰ.肠…　Ⅱ.周…　Ⅲ.古典诗歌—鉴赏—中国

Ⅳ.I207.2

中国版本图书馆 CIP 数据核字(2009)第 158095 号

书　　名　肠断白蘋洲——闺意·宫词
编　　著　周啸天等
责任编辑　李相东
美术编辑　姜　嵩
出版发行　凤凰出版传媒集团
凤凰出版社(原江苏古籍出版社)
南京市中央路 165 号　邮编 210009
发行部电话 025—83223462
集团网址　凤凰出版传媒网　http://www.ppm.cn
照　　排　南京紫藤制版印务中心
印　　刷　南京通达彩印有限公司
南京市六合区冶山镇　邮编:211523
开　　本　718×1005 毫米　1/16
印　　张　11.5
字　　数　207 千字
版　　次　2009 年 9 月第 1 版　2009 年 9 月第 1 次印刷
标准书号　ISBN 978-7-80729-393-4
定　　价　22.00 元

卷首语

在漫长的历史长河中，有多少妙龄女子，为了久戍不归的征夫而苦苦守候，直至熬干了她们的青春；又有多少如花美女，拥挤在一个叫深宫的笼子里，全神贯注地倾听铜壶滴漏和那个咫尺天涯的男人的脚步声，内心饱受嫉妒的折磨。

宫人斜和贞节牌坊的时代万劫不复，林忆莲却唱起忧怨的歌声：爱上一个不回家的人，等待一扇不开启的门……

世界上最遥远的距离，不是生死相隔，而是用冷漠的心对爱你的人掘了一条无法跨越的沟渠。是谁在抱怨，半夜三更还没有听见熟悉的脚步声？是谁在哭泣，泪水打湿了一个又一个不眠的夜晚？是谁在妒忌，全心全意的付出没有得到相应的回报？逝去的宫怨，在商品经济的时代是否又借尸还魂？

千万别让这条沟渠越来越宽啊！身处围城的人们，不要在隔膜中越走越远，不要在忙忙碌碌中失去了——真爱。

撰稿人：

周啸天　梅　红

（以下按姓氏笔画排名）

丁　颖　丁稚鸿　王　飞　王　涛　吴闻莺　张应中　李坤栋

李亮伟　陈　坦　罗　玲　易可情　唐　彦　殷志佳　秦岭梅

郭扬波　董志刚　管遗瑞　滕伟明

目录

《诗经》

周南·卷耳 001
鄘风·柏舟 003
卫风·伯兮 004
王风·君子于役 006

司马相如

长门赋 007

班婕妤

怨歌行 009

《古诗十九首》

行行重行行 010
青青河畔草 012
涉江采芙蓉 013
冉冉孤生竹 014
庭中有奇树 015
迢迢牵牛星 016

曹 丕

燕歌行 017

谢 朓

玉阶怨 018

沈佺期

杂诗 019

杜审言

赋得妾薄命 020

王昌龄

西宫春怨 023
长信秋词(五首录三) 024
春宫曲 028
青楼曲二首 030
闺怨 033

王 维

伊州歌 034

李 白

子夜吴歌 035
忆秦娥 037

崔国辅

怨词 040
魏宫词 041

金昌绪

春怨 043

李 冶

八至 044

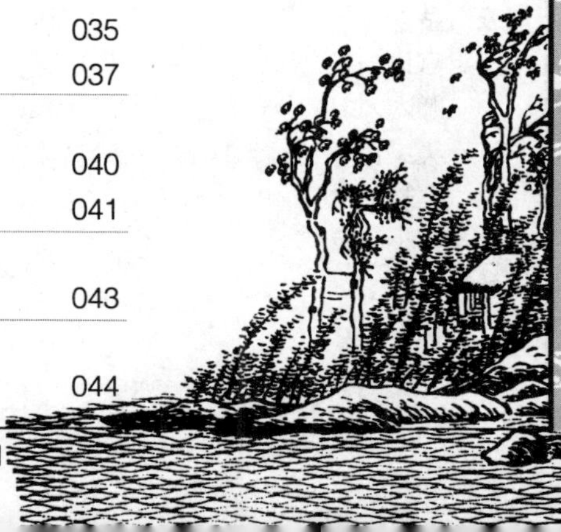

顾　况
宫词五首　046
刘　商
古意　052
崔　护
晚鸦　053
王　涯
秋思赠远二首　054
宫词（二十七首录二）　057
张仲素
春闺思　060
秋闺思二首　061
白居易
后宫词二首　064
元　稹
行宫　067
王　建
宫词（百首录十五）　068
宫中调笑　088

朱庆馀
宫词　089
闺意献张水部　091
孟　郊
怨诗　093
施肩吾
望夫词　094
夜笛词　095
刘　皂
长门怨　096
薛　逢
宫词　097
何希尧
柳枝词　099
张　祜
宫词　101
赠内人　102
集灵台　103
莫愁曲　104
苏小小歌　105
杜　牧
秋夕　106

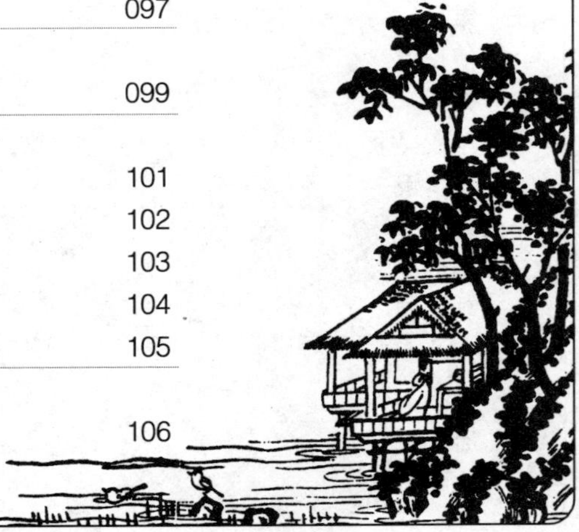

李商隐

汉宫词 107

韩　偓

新上头 109

深院 110

闺情 111

薛　媛

写真寄外 113

杜荀鹤

春宫怨 115

孟　迟

长信宫 116

宣宗宫人

题红叶 117

安邑坊女

幽恨诗 119

温庭筠

菩萨蛮(录三) 120

更漏子 124

梦江南 125

葛鸦儿

怀良人 126

无名氏

望江南 127

后庭宴 128

花蕊夫人

宫词(百首录五) 130

王　衍

醉妆词 137

李　璟

浣溪沙二首 139

李　煜

一斛珠 142

长相思 144

武　衍

宫词 146

欧阳炯

三字令 148

孙光宪

谒金门 149

柳　永

甘草子 151

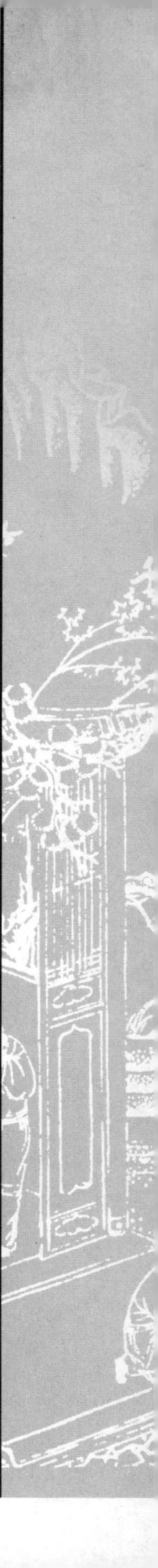

张　先

一丛花令　152

千秋岁　153

江南柳　154

欧阳修

蝶恋花　155

生查子　156

杜安世

卜算子　157

晏几道

清平乐　159

苏　轼

洞仙歌　160

秦　观

浣溪沙　161

周邦彦

诉衷情　162

谢　逸

菩萨蛮　163

陈　克

菩萨蛮　164

王之道

如梦令　165

朱淑真

菩萨蛮　166

柯九思

宫词　167

周玉晨

十六字令　168

邵亨贞

仙吕·后庭花·拟古　169

毛先舒

吴宫词　170

汪　琬

玉钩斜　172

曹雪芹

葬花辞　174

周南·卷耳

◎《诗经》

采采卷耳，不盈顷筐。嗟我怀人，置彼周行。

陟彼崔嵬，我马虺(huī)隤(tuí)。我姑酌彼金罍(léi)，维以不永怀。

陟彼高岗，我马玄黄。我姑酌彼兕(sì)觥(gōng)，维以不永伤。

陟彼砠(jū)矣，我马瘏(tú)矣，我仆痡(pū)矣，云何吁矣。

《诗经》，我国最早的诗歌总集，本称《诗》，汉时独尊儒术，始称《诗经》。共收西周初年至春秋中叶的民歌和朝庙乐章歌辞305篇，另有笙诗6篇有目无诗。全书按音乐分风、雅、颂三类（一说分风、小雅、大雅、颂四体）。汉代传《诗》者有齐、鲁、韩、毛四家，今传《诗经》为《毛诗》。

关于本篇题旨，何琇《樵香小记》云："此必大夫行役，其室家念之之诗。"戴震《诗经补注》云："感念于君子之行迈之忧劳而作也。"均弃《诗序》迂阔旧说，指出了这是一篇思妇诗。诗中男子有仆马、兕觥、金罍，即使不是大夫，也应属贵族之列。

诗的首章写女方，二、三、四章写男方，论者无异辞。唯于后三章，多数人认为是诗中思妇想象所怀之人，乃"己思人乃想人亦思己"。影响后世，就有"故乡今夜思千里，霜鬓明朝又一年"(高适《除夕》)、"想得家中夜深坐，还应说着远行人"(白居易《至夜思亲》)、"遥知湖上一樽酒，能忆天涯万里人"(欧阳修《春日西湖寄谢法曹歌》)等机杼相同、波澜莫二的诗词名作。

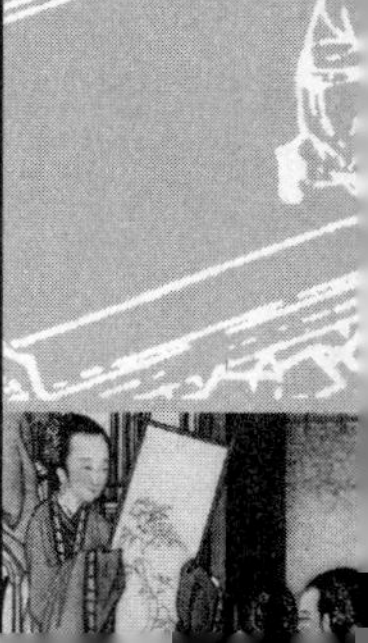

钱钟书独不以为然，他说，既云“嗟我怀人”而又称所怀之人为“我”，葛龚莫辩，扞格难通。实则涵咏本义，意义豁然。男女两人处两地而情事一时，批评家谓之“双管齐下”，章回小说谓之“话分两头”，《红楼梦》第五回凤姐仿说书所谓“一张口难说两家话”、“花开两朵，各表一枝”（见《管锥编》）。

按照通常的理解，则诗中的征夫上山过冈，马病人疲，饮酒自宽，皆出于女子想象，不必实有其事。思妇置筐大道，本不难采满卷耳的簸箕老采不满，她是心不在焉，浮想联翩。其情之真挚神往，足感人矣。而按钱氏解会，又别有意趣，征夫上山过冈，马病人疲，饮酒自宽，皆实有其事。两种情景比较，“以明征夫况瘁，非女手拮据可比”。正因为女方不能确知对方劳顿之苦，方才一味嗟怨一己怀思之苦。唐人陈陶《陇西行》云“可怜无定河边骨，犹是春闺梦里人”，与此可悲程度不同，而手眼如一。诗有别趣，多义多解，是很正常的现象，不必务是此而非彼，于《卷耳》诗解可知。

全诗语译如下：

采呀采呀卷耳菜，装不满那斜口筐。
只为我呀怀远人，筐儿放在大路旁。

征人上山高又险，马儿疲惫腿发软。
且把铜壶儿来斟满，好让离怀宽一宽。

行人过冈高难爬，马儿疲病眼发花。
犀角杯儿斟满它，不要老是伤心啦。

鄘风·柏舟

◎《诗经》

泛彼柏舟，在彼中河。髧(dàn)彼两髦，实维我仪。之死矢靡它。母也天只，不谅人只！

泛彼柏舟，在彼河侧。髧彼两髦，实维我特，之死矢靡慝(tè)。母也天只，不谅人只！

姑娘看上一个少年郎，但她的选择未能得到母亲的同意，所以满腔怨恨，发誓要和母亲对抗到底。诗中表现了旧时的青年男女为了争取婚恋自由而产生的反抗意识，很有认识意义。

这首诗还接触到一个更为普遍的社会问题：无论古今中外，在择偶的问题上，母亲和女儿的意见往往不能一致。母亲相中的，女儿不屑一顾；女儿中意的，母亲坚决不准带回家来。这种事不但古代有，今天还有；不但中国有，外国也有。印度尼西亚有一首民歌，歌中这样唱道：“哎哟妈妈，你不要对我生气，年轻人就是这样相爱。”

妈妈也曾年轻过，为什么就不理解年轻人的心思呢？这是因为妈妈多了些岁数，多了些世故，多了些势利，就少了些热情；多了些理智，就少了些感觉。

也有人认为诗中“母也”和“天只”一样，只是叹词，从而对诗意有完全不同的理解。如闻一多说：“女不见答也。诗中大意说：那河中泛舟的少年，我愿以此身许配给他，至死不变节，无奈他不相信我哟。”(《风诗类钞》)白俄罗斯有一首民歌叫《妈妈要我出嫁》，前六段的提亲者，不是唐璜就是懒鬼，故结句皆为“妈妈我不嫁给他”，而最后一段道：“妈妈要我出嫁，把我许给第七家，第七个多么漂亮活泼年轻，但是他不爱我呀！”意味相近。

注：髧：发下垂的样子。两髦：男子未行冠礼之前，头发齐眉，分向两边的样式。

全诗语译如下：

漂来一条柏木船，漂呀漂在河中间。蓄分头的那少年，实在讨得我心欢。誓死不把心来变。我的娘呀我的天，不能体谅女儿愿！

漂来一条柏木船，漂呀漂在大河旁。蓄分头的那少年，实在是我好对象。誓死不把手来放。我的娘呀我的天，不能体谅女儿愿！

卫风·伯兮

◎《诗经》

伯兮朅(qiè)兮，邦之杰兮。伯也执殳(sū)，为王前驱。
自伯之东，首如飞蓬。岂无膏沐，谁适为容？
其雨其雨，杲(gāo)杲出日。愿言思伯，甘心首疾。
焉得谖草？言树之背。愿言思伯，使我心痗(mèi)。

本篇是闺怨的始祖。一章用赋法，以女主人公夸耀的口吻写其夫出征的情景。“伯”是女主人公对爱人的称呼，可能他是老大吧。若要知道他如何英雄，只要知道他是干什么的就行了——他是先锋、打头阵的，那可是经过严格选拔出来的。想想他手执丈二长殳，走在队列最前头的帅劲！当初她一定为此非常骄傲、非常喜悦，她可能曾经想过，凭他那身本事，弄个立功封侯并不是什么难事吧。这一章洋溢着兴奋愉悦的情绪，与以下三章形成对照。

二章“自伯之东”，是全诗一大转关。自从男人东征以后，情况就发生了变化。由于战争旷日持久，男人一去不归，女主人公满腔的热情和兴奋渐渐化为悬心挂肠的思念，通信的不便，更加重了思念的程度。她的情绪较之当初，可说是一落千丈，干什么都打不起精神，头都懒得梳理，还有什么心思化妆！这里用比法，以蓬草喻女子散乱的头发，十分生动形象，使其愁苦憔悴的形容，跃然纸上。方玉润谓此章“宛然闺阁中语，汉魏诗多袭此调”（《诗经原始》四）。如徐干《室思》“自君之出矣，明镜暗不治”，唐人如杜甫《新婚别》“罗襦不复施，对君洗红妆”，均有此诗的影响。

三章用兴起，兴而兼比，即以大旱之望云霓喻女子与丈夫久别而盼重逢，更进一层。女子日日盼望丈夫归来，却一天天落空，就像盼雨却盼来了毒日头一样。这种折磨人的愁思，使她平添了头痛的毛病。那就别盼吧，丢开也许病就好了。但她却不能丢开，也不愿丢开，所以是“甘心首疾”了。这个话中的“甘心”和宋词名句“衣带渐宽终不悔，为伊消得人憔悴”（柳永《凤栖梧》）的“不悔”，意思差不多，情感是曲折、执著而强烈的。

到第四章，这位心病沉重的女子，希望通过草药来治她的心病。据说萱草别名忘忧草，就有这种作用。这种草怎么用，不大清楚。女主人公希望能在北堂种上它，到时也许熬水喝吧。灵验不灵验，也不大清楚，只知道有这样一句俗话：“心病还须心药医。”诗只写到“愿言思伯，使我心痗”，戛然而止，为读者留下想象的空间：这位闺中少妇的心病治好没有？她的丈夫日后真的能衣锦还乡么？会不会喋血沙场、抛骨异乡呢？诗的结尾不了了之，有余音袅袅之致。

由于此诗写闺怨生动真切，所以历来为人传诵。据《艺苑卮言》记载，明代大学者杨升庵谪戍滇中，其妻黄峨在新都老家写了一首七律《寄外》，其中第三联是“曰归曰归已岁暮，其雨其雨怨朝阳”，分别采用《诗经·小雅·采薇》中“曰归曰归，岁亦暮止”和本诗中的“其雨其雨，杲杲出日”的成句点化，写出了征人思妇双方的不得团圆的怨苦，传为佳话。

全诗语译如下：

我大哥啊多威风，卫国数他最英雄。大哥拿着丈二棒，为王出征打先锋。

自从我哥东征去，我的头发乱蓬蓬。面膏发油岂缺少，叫我为谁来美容？

好比大旱望霖雨，盼来天天日头红。一心只把哥来想，情愿想得脑袋疼。

怎能寻到忘忧草？北堂脚下种成药。一心只把哥来想，病在心头可奈何。

王风·君子于役

◎《诗经》

君子于役，不知其期。曷至哉，鸡栖于埘(shí)，日之夕矣，羊牛下来。君子于役，如之何无思？

君子于役，不日不月。曷其有佸(huó)？鸡栖于桀，日之夕矣，羊牛下括。君子于役，苟无饥渴！

这首诗写妻子思念长期在外服役未归的丈夫。宋人王质说：“当是在郊之民，以役适远，而其妻于日暮之时，约鸡归栖，呼牛羊来下，故兴怀也。大率此时最难为别怀，妇人尤甚。”(《诗总闻》四)

诗是两章叠咏，每章的结构都是由抒情到写景，再由写景到抒情，中间三句是很有意味的田园黄昏景色——夕阳西下，鸡已进窝，牛羊下山，所有的事物都找到了它自然的归宿，这与久役不归的君子形成对照，从而唤起了妻子对他的怀念和忧思之情。清人王闿运评：“‘鸡栖于埘，日之夕矣，羊牛下来’，横入喻意，又诗中别调。‘鸡栖于桀，日之夕矣，羊牛下括’，生出方法，只就上文变换一二字，便以无限经济，此为奇也。”(《湘绮楼说诗》八)

这首诗对后世的田园诗和写景诗有较大影响。牛羊下山，就成为诗中描写乡村黄昏的典型景色。钱钟书云：“许瑶光《雪门诗钞》卷一《再读〈诗经〉四十二首》第十四首云：‘鸡栖于桀下牛羊，饥渴萦怀对夕阳。已启唐人闺怨句，最难消遣是昏黄。’大是解人。……诗人体会，同心一理。潘岳《寡妇赋》：‘时暧暧而向昏兮，日杳杳而西匿。雀群飞而赴楹兮，鸡登栖而敛翼。归空馆而自怜兮，抚衾裯以叹息。’盖死别生离，伤逝怀远，皆于昏黄时分，触绪纷来，所谓‘最难消遣’。”

唐宋诗词如孟浩然《游精思观回王白云在后》“出谷未亭午，到家已夕曛。回瞻下山路，但见牛羊群”，王维《渭川田家》“斜光照墟落，穷巷牛羊归。野老盼牧童，倚杖候荆扉”，张孝祥《六州歌头》“落日牛羊下，区脱纵横”等等，都有此诗印迹。

注：埘：凿墙做成的鸡窠。佸：聚会。括：束，会合。

全诗语译如下：

丈夫服役去，不知道归期，几时回来呢？鸡儿已进窠，太阳落坡啦，牛羊下山啦。丈夫服役去，叫我怎么不想他！

丈夫服役去，难以计日月，几时相会得？鸡儿栖木桩，太阳落坡啦，牛羊下山啦。丈夫服役去，可别挨饥渴！

长门赋

（汉）◎ 司马相如

司马相如（前179—前118），字长卿，西汉蜀郡成都（今属四川）人。初为景帝武骑常侍，因病免，游于梁园，与邹阳、枚乘等为友。因善辞赋为武帝赏识，用为郎，又拜中郎将，宣谕西南。后转孝文园令卒。有明辑本《司马文园集》。

夫何一佳人兮，步逍遥以自虞。魂逾佚而不反兮，形枯槁而独居。言我朝往而暮来兮，饮食乐而忘人。心慊移而不省故兮，交得意而相亲。

伊予志之慢愚兮，怀贞悫之欢心。愿赐问而自进兮，得尚君之玉音。奉虚言而望诚兮，期城南之离宫。修薄具而自设兮，君曾不肯乎幸临。廓独潜而专精兮，天漂漂而疾风。登兰台而遥望兮，神怳怳而外淫。浮云郁而四塞兮，天窈窈而昼阴。雷殷殷而响起兮，声象君之车音。飘风回而起闺兮，举帷幄之襜襜(chān)。桂树交而相纷兮，芳酷烈之訚訚(yín)。孔雀集而相存兮，玄猿啸而长吟。翡翠协翼而来萃兮，鸾凤翔而北南。

心凭噫而不舒兮，邪气壮而攻中。下兰台而周览兮，步从容于深宫。正殿块以造天兮，郁并起而穹崇。间徙倚于东厢兮，观夫靡靡而无穷。挤玉户以撼金铺兮，声噌吰(chēng hóng)而似钟音。

刻木兰以为榱兮，饰文杏以为梁。罗丰茸之游树兮，离楼梧而相撑。施瑰木之欂栌兮，委参差以槺梁。时仿佛以物类兮，象积石之将将(qiāng)。五色炫以相曜兮，烂耀耀而成光。致错石之瓴甓(pì)兮，象瑇瑁之文章。张罗绮之幔帷兮，垂楚组之连纲。

抚柱楣以从容兮，览曲台之央央。白鹤噭(jiāo)以哀号兮，孤雌跱于枯杨。日黄昏而望绝兮，怅独托于空堂。悬明月以自照兮，徂清夜于洞房。援雅琴以变调兮，奏愁思之不可长。案流徵(zhǐ)以却转兮，声幼妙而复扬。贯历览其中操兮，意慷慨而自卬。左右悲而垂泪兮，涕流离而从横。舒息悒而增欷兮，蹝履起而彷徨。揄长袂以自翳兮，数昔日之諐殃。无面目之可显兮，遂颓思而就床。抟芬若以为枕兮，席荃兰而茝(chái)香。

忽寝寐而梦想兮，魄若君之在旁。惕寤觉而无见兮，魂迋迋(kuāng)若有亡。众鸡鸣而愁予兮，起视月之精光。观众星

之行列兮，毕昴出于东方。望中庭之蔼蔼兮，若季秋之降霜。夜曼曼其若岁兮，怀郁郁其不可再更。淡偃蹇而待曙兮，荒亭亭而复明。妾人窃自悲兮，究年岁而不敢忘。

《长门赋》，司马相如为汉武帝陈皇后失宠而作。赋前有序云："孝武皇帝陈皇后时得幸，颇妒，别在长门宫，愁闷悲思。闻蜀郡成都司马相如天下工为文，奉黄金百斤为相如、文君取酒，因于解悲愁之辞。而相如为文以悟主上，陈皇后复得亲幸。"当是后人所加。

关于陈皇后得宠之事，见班固《汉武故事》："胶东王（即后来的汉武帝）数岁，长公主抱置膝上，问曰：'儿欲得妇否？'长主指左右长御百余人，皆云不用。指其女：'阿娇好否？'笑对曰：'好。若得阿娇作妇，当作金屋贮之。'长主大悦，乃苦要上，遂成婚焉。"便是"金屋藏娇"这一成语的来历。

可见陈皇后失宠之悲有异于常情者，乃在前后反差太大，所以赋中特别强调这一点。"刻木兰以为榱兮"一段，描写深宫景物，用笔细腻，颇见体物之工。从"天窈窈而昼阴"到"怅独托于空堂"，是从白昼写到黄昏；从"忽寝寐而梦想"到"众鸡鸣而愁予"，是从深夜写到黎明，大体遵循着按时间顺序叙事的手法。由于作者在写作大赋中积累了丰富的铺彩摛文的经验，运用到抒情小赋中来，反复重叠中层次井然，尤有驾轻就熟之感。

宫怨诗是中国古代诗歌一大专题，源出于汉人诗赋，主要有三个系列：一个是班婕妤系列，始于汉代班婕妤《怨歌行》；一个是王昭君系列，始于古琴曲歌辞中的《昭君怨》，事亦见《西京杂记》；一个便是陈皇后系列，源于本赋。梁代柳恽仿作为《长门怨》，唐代拟作者不下30家，佳作如李益《宫怨》："露湿晴花春殿香，月明歌吹在昭阳。似将海水添宫漏，共滴长门一夜长。"

欲写长门之怨，却先写昭阳之幸。后两句突然转折，美好的环境、欢乐的气氛都不在了，转出另一个环境、另一种气氛，与昭阳殿形成鲜明对比，突出深化了"宫怨"的主题。

怨歌行

（汉）◎ 班婕妤

新裂齐纨素，鲜洁如霜雪。裁为合欢扇，团团似明月。出入君怀袖，动摇微风发。常恐秋节至，凉飙夺炎热。弃捐箧笥中，恩情中道绝。

班婕妤（？—？），西汉楼烦（今山西宁武）人。成帝时选入宫，初为少使，有宠，立为婕妤。后为赵飞燕所谮，退居东宫。成帝卒，奉其园陵以终。《文选》存诗1首。

《怨歌行》在中国古代是一首影响大、拟作多、引用多的诗篇。此诗托物言志，通篇以团扇作比，假秋扇见捐，以喻嫔妃初得宠于君王而终不免见弃的悲哀，相当巧妙。诗见录于《文选》、《玉台新咏》、《乐府诗集》等书，均题班婕妤作。今人或疑为伪作，然无确证。

《乐府诗集·相和歌辞》解云："汉成帝班婕妤失宠，求供养太后于长信宫，乃作怨诗以自伤，托辞于纨扇云。"晋人陆机拟为《婕妤怨》（一作《班婕妤》），历六朝至唐代，继作者不下 20 家。南齐谢朓因陆诗有"寄情在玉阶，托意唯团扇"之句，别创《玉阶怨》五绝体，继作者有虞炎、唐代李白等。唐代王諲就同一题材别制新题为《长信怨》，继作者有王昌龄、李白等 10 余家。王昌龄之作或注明季节，别题《长信秋词》、《西宫春怨》、《西宫秋怨》。以上各家多用七绝。唐人王翰别制新题为《娥眉怨》，体为七古。此即中国古代宫怨诗的班婕妤系列。

诗大体分为两段，开篇六句喻宫嫔得宠的快乐。以"新"作首字，已遥启篇末厌旧之意。"纨素"的洁白，譬喻少女的纯洁无瑕。"合欢"、"团团"字面，形容宫嫔得宠时良好的自我感觉极切，而以夏日的扇子比喻女性的受宠，非常生活化。

后四句写嫔妃对失宠的恐惧。时间是可怕的，它会暗中偷换人的容颜，也会在暗中偷换人心。诗中以秋扇见捐喻色衰爱减，既贴切又不着痕迹。"凉飙"与"微风"适成对照，它是夺爱者的象征，从"微风"的角度看，是很有压力，很有威胁性的。这里不但写出了客观的存在，同时也写出了主观的感觉。"箧笥"（竹箱）与"怀袖"构成另一组对照，是封闭空间（如冷宫）的象征，尤其在"出入君怀袖"后，再"弃捐箧笥中"，那种感觉又将是何等的悲凉。因而，"弃"字是全诗的关键字。篇末更点出"绝"、"情"二字，尤令人感到心惊。

钟嵘评此诗曰："《团扇》短章，辞旨清捷，怨深文绮，得匹妇之致。"（《诗品》上）

行行重行行

◎《古诗十九首》

行行重行行，与君生别离。相去万余里，各在天一涯。道路阻且长，会面安可知！胡马依北风，越鸟巢南枝。相去日已远，衣带日已缓。浮云蔽白日，游子不顾反。思君令人老，岁月忽已晚。弃捐勿复道，努力加餐饭！

《古诗十九首》，东汉文人抒情古诗，共十九首，初见录于南朝梁昭明太子萧统《文选》。诗多反映汉末动乱时世中夫妇两地分居之苦及文人失落心态，语言平易自然，如秀才对朋友说家常话，颇为后世称道。

这是一首思妇词。前六句追述离别，后十句申诉相思。

“行行重行行”，是叠词更叠，意即走啊走、走啊走。“生别离”，是古代流行的成语，犹言永别离，如《九歌·少司命》“悲莫悲兮生别离”，亦即《焦仲卿妻》所谓“生人作死别，恨恨那可论”。“道路阻且长”，出自《秦风·兼葭》“溯回从之，道阻且长”，有暗示从之而不得的意思，故下句以会面为难期。“胡马依北风，越鸟巢南枝”二句是古代歌谣中习用的比喻，李善《文选》注引《韩诗外传》云：“诗曰：‘代马依北风，飞鸟栖故巢。’皆不忘本之谓也。”用以比喻人的乡土室家的情感，可以理解为思妇揣度对方的情况。照情理说，他是不会忘记家乡、忘记故乡的亲人。二句在引用这一联现成比喻时，因为韵的关系，以“南枝”对“北风”，又相应地将马、鸟二物分属胡、越，对仗极工。

“相去日已远，衣带日已缓”以两个“日已”作排句，“日已”即“日以”（“去者日以疏，来者日以亲”），亦即“日益”（《吕氏春秋·观表》：“魏日以削，秦日益大。”），也就是说相去日愈远，衣带日愈缓。不说人日渐消瘦，而说衣带日渐宽松，久别与长期相思之苦都用暗示表达出来了。宋柳永《凤栖梧》“衣带渐宽终不悔，为伊消得人憔悴”，即用此而增加了“终不悔”的新意，同为脍炙人口的名句。“浮云蔽白日”，是古代最流行的比喻，一般喻指谗谀蔽贤，如《古杨柳行》：“谗邪害公正，浮云蔽白日。”

又因为在古代，君臣关系和夫妇关系在观念上是统一的，所以这两句是设想游子不思归来当是有第三者插足，彼此关系出现了危机，或解作游子是受奸人迫害而外出不归，便有节外生枝的感觉。这是思妇的揣测疑虑，不必是游子之实情。所以相思之情仍不断绝，“思君令人老”就是这种心情的写照。她尽量挣扎，想要摆脱这种令人食不甘味的苦恼的纠缠。“弃捐勿复道”即《诗经·卫风·氓》所谓“反是不思，亦已焉哉”。“加餐饭”则是当时流行的慰问套话，犹言多多保重，用在这里是自我宽解的话，或解作对游子的劝慰。

此诗善于运用优美而单纯的语言，通过回环复沓、反复咏叹的表现手法来制造气氛。如“相去万余里”、“道路阻且长”、“相去日已远”，反复说一个相近似的意思来逐层加深其所表现的情感，这是从民歌叠句、叠章的形式中变化而来的。其次，是比兴手法的运用，即用客观习见事物来表现深刻而曲折的主观心情，这种手法在“十九首”中是普遍纯熟地运用着的。像本篇胡马、越鸟、白日、浮云的比喻，都精当绝伦。谢榛说“十九首”“如秀才对朋友说家常话”：因为是“秀才”，所以有文化品位；因为是“家常话”，所以很生活；因为“对朋友”，所以亲切、真诚，富于人情味。“十九首”所以为高。

青青河畔草

◎《古诗十九首》

青青河畔草，郁郁园中柳。盈盈楼上女，皎皎当窗牖。娥娥红粉妆，纤纤出素手。昔为倡家女，今为荡子妇。荡子行不归，空床难独守。

这是“十九首”中少有的用第三人称写的思妇诗。正是运用这种手法，诗的前六句连用六叠词句勾画出一幅精美的春色美人图。河边的草色是青青的，园中的柳条是郁郁的，在一派生意盎然的春光中，园林中心的楼头窗前，出现了一位少妇，风致盈盈。她的脸儿搽得粉红粉红的，白净的手儿细长细长的。诗中连用这样六个连绵的形容词，难得如此浑然天成。从草写到柳，从柳写到楼，从楼写到人，从人写到衣袖，从衣袖写到素手，却不使人觉得呆板。那颜色是一步步由青而绿，而粉，而红，而终于又都停止在一点素净之上。六个叠字在音调上也富于变化，“青青”是平声，“郁郁”是仄声，“盈盈”又是平声，“皎皎”又是仄声，“娥娥”、“纤纤”虽同为平声，却是一清一浊。这样平仄相同，清浊映衬，利落错综，一片宫商，形成了自然而又丰满的音乐形象。这种用叠字注意平仄清浊的相辅相成，在“十九首”并非偶然，他如“青青陵上柏，磊磊涧中石”、“迢迢牵牛星，皎皎河汉女”、“盈盈一水间，脉脉不得语”，如果把这些叠字换成全平或全仄，读来一定会感到单调滞涩。当时还没有音韵学，全是诗人凭直觉把握，故不可及。

诗的前六句景美人美，一片谐和。后四句则写深藏在一片谐和中的寂寞。一个家里没有女人就不像一个家；只有女人，还是不成其为家。何况这个女人又是一个不甘寂寞的女人，一个歌女出身的女人，她渴望过正常人的生活，从良嫁人，希望的是夫唱妇随，双飞双宿，然而却落了个空房独守的结局。长年的从艺生涯，培养出来的善于幻想与多情，使她特别易于受阳春美景的撩拨，她艳妆浓抹，当窗守望，显然是有所期冀的。由于特定的身份，决定了此诗与《诗经·卫风·伯兮》的表现有所不同。她守着空床，是以如火如荼的青春的寸寸消磨作为代价的，无怪她要在内心呐喊出“空床难独守”的强烈呼号。特定的环境、特殊的经历和特有的心情的统一，才使得诗中人发出大胆呼号，震撼人心。唐诗名篇李益《江南曲》的“早知潮有信，嫁与弄潮儿”与此诗末二句乃属同一声口，诗中人的身份亦应相同。

涉江采芙蓉

◎《古诗十九首》

涉江采芙蓉，兰泽多芳草。采之欲遗谁？所思在远道。还顾望旧乡，长路漫浩浩。同心而离居，忧伤以终老。

人们自古就对自然有很深的爱好，而对自然的爱与对人的爱往往紧密地连在一起，所以送给最心爱的人的礼物不一定是珠宝，完全可能是一束花或是一棵草，这样的生活情调是简朴的，也是美好的。

此诗头两句倒置以协韵，诗中人为了要采荷花，不惜涉江之劳，兰泽虽多芳草，而涉江只采芙蓉也。芙蓉采到手，可是四顾周围，都是些陌生的、不关痛痒的人。“采之欲遗谁”的一问是突然的转折，是伤心失望，也是一声叹息。本来，“所思在远道”是她早就清楚的，如果放在开篇，诗就平板无味，而在第三句一转之后趁势托出，便有雷霆万钧之力。它一方面替上文的发展暂时作一结束，一方面又为下文的发展作一伏线。

以下“还顾望旧乡”二句没有主语，但“旧乡”（故乡）与“远道”（异乡）在诗中是对立的，古代“在远道”、“望旧乡”的多是男子，所以这首诗的主人公当为女性。而“还顾望旧乡”云云，乃是女主人公推己及人的一种想象。“同心而离居”五字，说出了具有普遍性的人生憾事，后代许多诗词都为此五字所笼罩。

怀人之作古已有之，如《诗经·秦风·蒹葭》就写得很好，具有一种清超旷远之致。但《诗经》之作缺少芬芳悱恻之美，《涉江采芙蓉》则有之，而这种情韵是采自楚辞而融入诗作的。“涉江”本是《楚辞·九章》的篇名，“芙蓉”、“兰”等亦是楚辞习见名物，运用入诗便能造成近似楚骚的芳菲气氛。所以此诗是继承楚辞传统而开创新境的。“十九首”中除此篇外，《庭中有奇树》一篇也有楚骚遗韵，可以参看。

冉冉孤生竹

◎《古诗十九首》

冉冉孤生竹，结根泰山阿。与君为新婚，兔丝附女萝。兔丝生有时，夫妇会有宜。千里远结婚，悠悠隔山陂。思君令人老，轩车来何迟！伤彼蕙兰花，含英扬光辉。过时而不采，将随秋草萎。君亮执高节，贱妾亦何为？

吴淇《选诗定论》认为此诗是“怨迟婚之作”，甚是。

全诗由两套比喻组成，构成全诗的形象整体。一是以孤竹结根大山、兔丝附生于女萝(同属藤蔓植物，兔丝有花，女萝无花)，比喻女子对男子的依附关系。孤竹结根于山阿，即“兔丝非独生，愿托乔木”之意。“兔丝附女萝”又有以植物的相互缠绕比喻爱情之绸缪，如民歌：“入山看见藤缠树，出山即见树缠藤。树死藤生缠到死，藤死树生死也缠。”“兔丝生有时”承上比语，兴起“夫妇会有宜”之意，“会有宜”也就是“合有时”。

诗中第二套比喻，即以兰蕙芳草过时则衰自喻青春易逝。“女儿悲，青春已大守空闺”，没有雨露，鲜花也会如同秋草一样地枯萎。“过时而不采”云云，使人联想起唐诗“劝君莫惜金缕衣，劝君须惜少年时。花开好折直须折，莫待无花空折枝”。

诗中人还有一种潜在的顾虑，那就是对方迟迟不归，说不准是个变数(参《西厢记》“若见那异乡花草，休要似此处栖迟”)。所以诗的结尾说，君虽姗姗来迟，谅非不执高节者，则贱妾亦何为而不执高节耶?这话大有意味，读者须从反面参悟，则新妇之怨，又不止于“青春已大守空闺”也。

庭中有奇树

◎《古诗十九首》

庭中有奇树，绿叶发华滋。攀条折其荣，将以遗所思。馨香盈怀袖，路远莫致之。此物何足贵，但感别经时。

本篇为思妇词，和《涉江采芙蓉》是“十九首”中最短的两首作品。《涉江采芙蓉》前四句写折芳寄远，路远莫致，后四句突然转入远人怀乡、百端交集的羁旅愁怀，较为曲折。本篇则似只就其前半的意思加以展开，以安详的步法，缓缓地由树到花，由花到人，顺序写来，最后才揭出幽闺怀人的主题，从明白浅显的风貌里表现了婉曲的思致，是“深衷浅貌，短语长情”的典型例子。

古代妇女禁锢深闺，与外界接触较少，只有庭中奇树（珍贵的树木）与之朝夕相对。她看到它的叶子渐渐变绿，看到它的花渐渐开繁，其间应有一个漫长的过程，心中想念的那人却是一天天越走越远了。在这花开堪折的时候，她不失其时地攀折，很想把它寄给远方的那人，以表达自己对他的情意，但这个想法不能实现。“路远莫致”语出《诗经·卫风·竹竿》“岂不尔思，远莫致之”。尽管花儿芬芳馥郁，香满衣袖，但只让人感到遗憾，感到可惜。其实花也不是特别贵重的东西，也没有什么可惜，可惜的是时光一去不再回来了。“此物何足贵，但感别经时”，辞若无多遗憾，其实乃深憾之；辞若轻描淡写，其实令人深长思之。末句语淡情浓，所谓深衷浅貌，正要从这种口气细细体味。

通篇只就“奇树”一意写去，由奇树而绿叶，而发花，而折花，而献花，而惜花，而不惜，层层写来，于层出不穷之际，偏以“此物何足贵”一语反衬出“但感别经时”，点到为止，更不赘一语，如山脉蜿蜒，到大江以峭壁截住，“看似寻常最奇崛”。换了稚嫩的作者，不再加上两句，是不会放心的。

迢迢牵牛星

◎《古诗十九首》

迢迢牵牛星，皎皎河汉女。纤纤濯素手，札札弄机杼。终日不成章，泣涕零如雨。河汉清且浅，相去复几许？盈盈一水间，脉脉不得语。

此诗通首采用比体，借天上双星写人间别离，在“十九首”的游子思妇一类作品中最有别趣。我们今天说夫妻两地分居，不是还常常借用“牛郎织女”的说法么。牛郎织女的故事是古老的爱情传说，表达了广大人民群众共同的情感、愿望和理想，极富人民性。本篇着重写两地分居的苦恼，且专从织女一方着想，虽咏故事，仍有新意。

“迢迢牵牛星”和“皎皎河汉女”对举，好像是双管齐下，其实已有侧重，说牵牛星是迢迢的，就是立足于织女星而为之辞。接着八句只写织女，但细看来每句话里都有牛郎存在，“迢迢”两字实是全诗的脉络。后文明说“河汉清且浅，相去复几许”，意思是说牛郎本非迢迢，只是一水相隔而已，然而彼此却“脉脉（相视）不得语”，隔河千里，岂非迢迢？也就是《西厢记》“隔花阴人远天涯近”的意思。“盈盈一水间”的“盈盈”，并不是形容水的，《文选》注为“端丽貌”，下面“脉脉”则是“相视貌”，都是形容织女的。“迢迢”二字总括织女想望牛郎的心境，所以“终日不成章，泣涕零如雨”也。织女如此，牛郎如何？从“脉脉不得语”一句看，他也在隔河相望。“单相思”究竟还是两相思。

朱光潜说，这首诗和《涉江采芙蓉》在写法上有许多足资比较之点。其一是彼诗是站在涉江当事人的地位写的，是涉江人在自诉衷情；此诗却是站在旁观者的地位叙述的，即有第一人称与第三人称的分别。“泣涕零如雨”是在故事发展的顶点，“河汉清且浅”四句只是说明泣涕的原因，而全诗中最哀婉动人的正是这最后四句。它好像是诗人说的，又好像是织女自己说的。究竟是谁说的呢？就全诗结构说是诗人在间接叙述，就情致而言是织女自己在诉说心事。读者须体会到这两个观点的分别和统一，才能见出这四句的妙处。

燕歌行

（三国）◎ 曹　丕

秋风萧瑟天气凉，草木摇落露为霜，群燕辞归雁南翔。念君客游思断肠，慊慊思归恋故乡，何为淹留寄他方？贱妾茕茕守空房，忧来思君不敢忘，不觉泪下沾衣裳。援琴鸣弦发清商，短歌微吟不能长，明月皎皎照我床。星汉西流夜未央，牵牛织女遥相望，尔独何辜限河梁？

曹丕（187—226），即魏文帝，字子桓，曹操次子。汉末建安中任五官中郎将、副丞相，后立为魏王太子。曹操卒，嗣为丞相、魏王。后代汉自立，国号魏，在位七年。有明辑本《魏文帝集》。

楚辞中已有七言句式出现，但真正通首用七言的诗体，相传有汉武帝时的《柏梁台联句》、东汉张衡《四愁诗》艺术较为成熟，且非一韵到底。往下就数曹丕的《燕歌行》二首，此其一。

《燕歌行》写思妇秋思，每句押韵，一韵到底。关于句群的划分，前人颇有异同。或以两句为一节，而最后剩三句，只好划为一节（黄节）；或以“贱妾茕茕守空房”三句为一节，而前后以两句为一节（余冠英）；或前半以三句为一节，后半以两句为一节（朱东润）。但我同意吴小如的划分法，即通首均以三句为一节，这样划分不但节奏整齐，而且结构严密。诗中“床”字不是指眠床，而是指坐榻，从诗意看，这位女主人公一夜根本未睡。

“秋风萧瑟天气凉”三句，从客观环境写起，首句说天气的变换，二句说植物的枯败，三句说候鸟的南迁，为一解。“念君客游思断肠”三句，正写怀念远方游子，首句写思妇本人念远，次句泛写游子的乡思，三句写对游子不归的疑惑，为二解。“贱妾茕茕守空房”三句，先写独守空闺之凄凉，次写对远人思念中包含一种自律和自觉，这从“不敢忘”三字可以意会，三句进一步写相思的情不自禁，这从“不觉”二字可以意会，为三解。“援琴鸣弦发清商”三句，写为了排遣忧思，午夜弹琴自娱，唱歌抒怨，为四解。“星汉西流夜未央”三句，承上写夜已过半，故银汉偏西，末二句写景抒情，意兼兴比，以牛郎织女为河梁所限来表现思妇的哀怨，意味深长，为五解。全诗笔致委婉，语言清丽，很能代表曹丕诗歌的一般风格。由于它是七言诗早期的成功之作，所以在文学史上有重要地位。

玉阶怨

（南齐）◎ 谢 朓

夕殿下珠帘，流萤飞复息。长夜缝罗衣，思君此何极。

谢朓（464—499），字玄晖，南齐陈郡阳夏（今河南太康）人。少有美名，为竟陵王萧子良“西邸八友”之一。明帝时出为南东海太守、行南徐州事，迁尚书吏部郎。转中书郎，出任宣城太守，复还任中书郎。齐废帝即位，因不愿参与始安王萧遥光篡位之谋，被诬下狱死。为永明体代表人物之一。有明辑本《谢宣城集》。

这是一首较早的以宫怨为题材的绝句。一般认为，宫怨诗源于晋时陆机《婕妤怨》，咏班婕妤见弃于汉成帝事，有“寄情在玉阶，托意唯团扇”之句。此诗题为《玉阶怨》，当即本此。

与陆诗从“婕妤去辞宠，淹留终不见”到“黄昏履棋绝，愁来空雨面”，一路叙来不同，而妙于用短，只撷取深宫夜里的一个生活断面，让人从画面中体味抒情主人公的命运和愁思，便觉得兴象玲珑，意致深婉。

“夕殿下珠帘”，意味着君王当夜不会临幸，中唐诗人刘长卿《长门怨》“何事长门闭，珠帘只自垂”可为注脚。“流萤飞复息”，是点染宫中凄凉的气氛，因为飞萤往往聚集于无人之处，李白《长门怨》“金屋无人萤火流”是其注脚。就在这个失意的“长夜”，诗中女主人公还在精心“缝罗衣”，意在邀欢，将希望寄托在明天，故末言“思君此何极”。

诗不受故实局限，于团扇见弃之外别出新意，以缝制罗衣暗示宫嫔对渺茫的幸福寄予希望，表现了宫中女性共同的悲哀，这样的手法是具有创造性的。全诗不出现一个“怨”字，而字里行间无不流露出怨意，所以读之“渊然冷然，觉笔墨之中，笔墨之外，别有一段深情妙理”（沈德潜《古诗源》）。

此诗对唐人五绝体宫怨诗颇具影响，李白《玉阶怨》云“玉阶生白露，夜久浸罗袜。却下水晶帘，玲珑望秋月”，其意境之空灵透明，音韵之悠扬婉转；崔国辅《怨词》“妾有罗衣裳，秦王在时著。为舞春风多，秋来不堪著”，其手法之侧面微挑，含蓄深婉，都可谓深得此诗三昧。

杂　诗

（唐）◎ 沈佺期

闻道黄龙戍，频年不解兵。可怜闺里月，长在汉家营。少妇今春意，良人昨夜情。谁能将旗鼓，一为取龙城？

此诗写边防战士与家属的两地相思，诗中少妇乃是一位年轻的“军嫂”。它与杨炯《从军行》俱属边塞题材，而所取角度与思想感情不同，反映了唐人对和平与幸福的渴望。

开篇写战士从军，久戍不归。“黄龙”城故址在今辽宁省朝阳市，诗中泛指东北边塞。“解兵”，犹卸兵（兵指武器）。此句谓将士连年作战，未得凯旋。

“可怜闺里月，长在汉家营”，意即“十五的月亮，照在家乡照在边关”——流水对的使用，增加了语言的流畅感。“少妇今春意，良人昨夜情”，意即“宁静的夜晚，你也思念我也思念”，互文的使用，丰富了诗意的蕴含。末二句的意思，即祈愿和平的早日到来。

后世写战士与家属两地相思，很难超出此诗的范围，连李白著名的《子夜吴歌》“长安一片月，万户捣衣声。秋风吹不尽，总是玉关情。何日平胡虏，良人罢远征”，也没有翻出此诗的手心。

沈佺期（656—715），字云卿，相州内黄（今属河南）人。高宗上元二年（675）进士及第，任协律郎。武周时为通事舍人，曾与修《三教珠英》。大足元年（701）迁考功员外郎，次年，复迁给事中，四年坐赃入狱。中宗复辟，坐阿附张易之流驩州，越明年遇赦北返。景龙中以起居郎兼修文馆直学士，历中书舍人，终太子少詹事。有明王廷相辑《沈詹事诗集》。

赋得妾薄命

（唐）◎ 杜审言

草绿长门掩，苔青永巷幽。宠移新爱夺，泪落故情留。啼鸟惊残梦，飞花搅独愁。自怜春色罢，团扇复迎秋。

《妾薄命》是乐府古题，属《杂曲歌辞》。《汉书·外戚传》孝成许皇后疏有“妾薄命，端遇竟宁（汉元帝年号）前”一句，本为自叹之语，即乐府题名所本。三国魏曹植、南朝梁简文帝等都有以《妾薄命》为题的六言、五言古诗，表达失意之感。本诗在题前加“赋得”二字，表明是用现成题目作诗，乃当时习惯。杜审言用格律精严的五言律诗来赋乐府古题，借美人失宠寄托流贬不遇之意，通过环境的渲染映衬和心理的细腻刻画，生动地塑造了一位遭受遗弃而幽怨多情的女子形象，充满着缠绵悱恻之意。

首联先写女子的居处：“草绿长门掩，苔青永巷幽。”“长门”即汉代京城长安的长门宫，武帝时陈皇后失宠，即居于此；“永巷”，亦在长安，汉代幽禁妃嫔或宫女的处所。这两个具有特定含义的地名，浸透了古代不幸妇女的辛酸之泪，诗中借以指女主人公的居处，则这位女子的不幸身世可想而知。暮春时节，“草绿”、“苔青”，景色凄清，再加上门扉长掩，庭院幽深，与外界隔绝，气氛更加凄苦。女主人公哀怨的情怀和痛苦的内心，自在不言之中。这两句看似平平叙起，但因为恰到好处地用了两个典故，就使诗句涵蕴丰富，意思婉转含蓄，并暗中巧妙点题，为全诗奠定了伤感、怅惘的基础。

在首联对环境作了渲染，为女主人公布置好了背景之后，颔联即正面描写这位女子：“宠移新爱夺，泪落故情留。”出现在读者面前的，是一位遭受遗弃而泪流满面

杜审言（645—708），字必简，祖籍襄阳（今属湖北），父迁居洛州巩县（河南巩县）。高宗咸亨元年（670）登进士第，其后任隰城尉，累转洛阳丞。武后圣历元年（698），坐事贬吉州司户参军。旋授著作佐郎，迁膳部员外郎。神龙元年（705）因谄附张易之兄弟流放峰州，不久召还，授国子监主簿，加修文馆直学士。有宋本《杜审言集》。

的女子。这两句中，作者虽有对其外貌的描写，但主要是重在揭示她的看似对立而实际统一的两种内心活动。一种是失宠后的怨恨心情：从“移”字、“夺”字中，我们可以领悟到，这位女子的爱人被新欢夺走之后，他对男子不无抱怨之意，但对“新爱”则怀着深深的愤恨，虽然她也无可奈何；另一种是对男子的怀念心情：她在失意之后，满心委屈，不禁伤怀落泪，对男子虽有不满和抱怨，但更多的还是惦念着旧情，依然是爱恋；她追忆着过去甜蜜的爱情生活，企盼着能够重归于好。作者在这一联中，先从心里入手，抓住主要之点，展现了女主人公恨、爱交织的内心活动，入情入理，细致入微。

为了使女主人公的形象更为丰满，颈联进一步用景物作为映衬，深入表现了她在遭受遗弃之后的孤独之苦。“啼鸟惊残梦，飞花搅独愁”，前一句说她在梦中正与男子相会，充满着柔情蜜意，却被啼鸟惊醒。在一片鸟鸣声中，她回忆着往事，如烟如雾，而眼前却是一片迷茫，只留下令人伤神的记忆，充满了失落感。春天里黄莺一类的鸟啼本来悦耳，一个“惊”字，却使它变为令人惊愕之声，使女主人公的心情更为恶劣，这是反衬。下一句说，在梦醒之后，于百无聊赖之中，望着满院的飞絮落花，联想到自己不幸的身世以及如水逝去的年华，不禁心乱如麻，在孤独之中又增加了无尽的愁思。飞絮落花，本易使人伤感，而一个“搅”字，更说明了心情的纷乱和伤感的沉重，这是正衬。作者在这一联中用反、正映衬的手法，把自然景物巧妙地与主人公的主观情感联系起来，情景融为一片，这位女子的满腔愁怨和孤凄之苦，就得到了充分的表现。到此，人物形象借助心理的刻画，表现得极为生动，真有呼之欲出之感。

但是，作者对人物心理的刻画并没有到此为

止，而是在尾联中继续深入描写女主人公内心活动，给人留下深远悠长的余味。“自怜春色罢，团扇复迎秋”，暗用了班婕妤的诗意。《文选》中有托名班婕妤的《团扇歌》，借团扇以自怜，寄寓了深恐情缘彻底断绝的忧虑。女主人公在满怀孤凄中，虚度了美好时光，眼下已是春意阑珊。春去夏来，天气转热，她希望自己像团扇那样，能够得到主人的眷顾。但是她又想到，即使重新获得旧男的爱情，也会像团扇一到秋天就要被捐弃一样，爱情也是会中道断绝的。两句从简约的笔墨中，曲折传达出了丰富的思想感情，既有自伤自叹之意，也有自怜自慰之心，更有迷茫怅惘之感，女主人公的内心世界，被表达得非常委婉。这种内心活动，也写出了专制时代女子与丈夫、臣下与君主的普遍关系，即陆游在《夜游宫》词里所写的：“恨君心，似危栏，难久倚！”这就把诗歌的主题上升到了一个新的高度，从而唤起了人们对女主人公的深切同情，给读者留下了无尽的遐思。这一联，“春色罢”与首联的“草绿”、“苔青”暗中照应，“团扇”、“迎秋”又与颔联中的“泪落故情留”脉络相通，并且又是对“啼鸣”、“飞花”一联的自然结束，使得全诗结构谨严，读来一气贯通，浑然无迹。

胡应麟在《诗薮》内编中说：“唐人句律有全类六朝者……杜审言‘啼鸣惊残梦，飞花搅独愁’……”但它情景交融，与女主人公的身世、思想十分贴切，且“惊”字、“搅”字下得较重，在两句中显得很有骨力，虽有“啼鸟”、“飞花”字样，却并不柔弱、绮丽，而是透露出一种刚健有力、俊逸清新的气息，与六朝句律迥然有别，体现了新的时代特色。

杜审言一生沉沦下僚，在宦海沉浮中，两次遭受流贬，对社会现实有着深切的感受。这首怨词应该是有所寄托的。诗中通过对女子心理的细致刻画，在情景交融中创造出了丰满的艺术形象，十分真切地表达了他在激烈的政治斗争中遭受流贬的苦闷和彷徨，在当时具有较为普遍而深刻的社会意义。

西宫春怨

（唐）◎ 王昌龄

西宫夜静百花香，欲卷珠帘春恨长。斜倚云和深见月，朦胧树色隐昭阳。

王昌龄（698?—757），字少伯，京兆万年（今陕西西安）人。玄宗开元十五年（727）登进士第，授秘书省校书郎。二十二年登博学宏词科，迁汜水尉。二十八年为江宁丞，世称王江宁。旋贬龙标尉，故又称王龙标。安史之乱中避乱江淮，为濠州刺史闾丘晓所杀。有《王昌龄集》。

宫怨是中国古典诗歌的一个专题，一般表现宫女被禁锢或失宠的心情，特殊情况下则兼有士不遇的喻意。王昌龄是第一个用七言绝句体裁大量写作宫怨题材的诗人。

王昌龄宫怨大抵分春词和秋词两类。这两类诗的区别，一在写景不同，春词写春景，富于青春气息，秋词写秋景，具有萧瑟之感；二是抒情不同，春词结合春景多抒青春寂寞之情，秋词结合秋景，多抒老大伤悲之意。诗中一般点出宫名，或以汉代唐，如昭阳、长信之类，或不著时代，径以西宫、南宫为辞。

“西宫”，在唐指太极宫。诗一开始就营造气氛，“百花香”是西宫人在静夜中的感觉，也切合了题面的“春怨”，而它暗示给读者的，是“春色恼人眠不得”。眠不得，故“欲卷珠帘”。欲卷，未卷也，暗示出人的慵倦。注意“春恨”二字，这就不仅是自然界恼人的春色了，而是宫女禁锢不住而又无处着落的春心。

于是她想到以音乐消遣，故有“斜倚云和（瑟，以产地命名）深见月”的情态，弹了没有呢?从她心不在焉的样子看，可能没有。心不在焉只是就乐器而言，至于她看月亮的那副神情，一个“深”字传达出一往情深的神态。

不过看月仍是现象，至于宫女的心理活动，则在末句暗示出来：“朦胧树色隐昭阳。”原来她的关心仍在昭阳殿那边。昭阳殿为汉宫殿名，是皇帝住宿的地方，同时又是汉成帝时赵飞燕姊妹承宠所居的地方。知此，此宫女的心情也就可以揣想而知了。她把满腔怨情都倾注于昭阳殿那边，然而看到的只是一片朦朦胧胧的树影，昭阳殿连望都无法望见。这就加倍表明宫人的处境之可怜。

诗中所写汉事，何尝不是唐代宫中情事的写照。所谓“后宫佳丽三千人，三千宠爱在一身”（《长恨歌》），“有不得见者，三十六年”（杜牧《阿房宫赋》）。封建专制之不人道，于此可见一斑。《升庵诗话》卷二评王昌龄《春宫曲》云：“此咏赵飞燕事，亦开元末纳玉环事，借汉为喻也。”有人以为王昌龄被贬，所谓“不护细行”，大概与这类宫词写作有关，这对了解王昌龄宫词的写作背景也有一定帮助。

长信秋词（五首录三）

（唐）◎ 王昌龄

其　一

金井梧桐秋叶黄，珠帘不卷夜来霜。熏笼玉枕无颜色，卧听南宫清漏长。

一看到“长信秋词”的诗题，耳畔就传来班婕妤那忧怨的叹息声和那令人一吟三叹的《团扇歌》，这位汉成帝曾经宠爱的妃子，自知比不过赵飞燕的美丽，为躲避飞燕的加害，就主动请求到长信宫去侍奉太后。从那以后，“长信宫”与“婕妤怨”一样，成为失宠宫女的代名词。

中国文人的一个特点就是爱以宫女自况，臣子在皇上面前，也是处于阴柔的位置，不为皇上重用的滋味，也与嫔妃的失宠是一致的。所以他们常常会写一些宫怨诗，抒发自己怀才不遇的心情。王昌龄作此诗，大约就是如此。

一切景语皆情语。写得好的诗，往往是把含蓄深沉的感情放在那一个个的景色之中。这首诗就是这样。诗中有这样一些意象：“金井”、“梧桐”、“秋叶”、“珠帘”、“熏笼”、“夜霜”、“玉枕”、“南宫”、“清漏”。“梧桐”、“秋叶”、“夜霜”象征着寒冷和失落，“珠帘”、“熏笼”、“玉枕”、“南宫”则暗示了诗中女子是一位宫中人物。这些意象组合在一起，表现出一幅宫女无法入眠、夜听清漏的凄凉场景。

诗由空旷的庭院中那一株井边的梧桐树落笔，本就充满了寂寞。冷宫门前绝不会是车马喧闹的，也绝不会花团锦簇、五彩缤纷的，空荡荡的院落使那口雕栏古井和那梧

桐更加醒目，成为这里标志性的特点。在中国古代诗歌中，梧桐本就是悲秋的象征，而纷飞的落叶更增添了身世悲凉之感。主人公日常生活的孤单寂寞已是不言自明了。接下来，镜头又向里面推进一层。下霜了，泛着白色的冷光，让人更觉寒冷，于是放下珠帘。时间已是深夜，环境更加清冷寂静。主人公的寝宫中有什么呢？早已失去昔日光华的“熏笼”、“玉枕”。有学者认为可以理解为宫中光线暗淡，器物必然暗淡无光。既已处于冷宫中，早已无人问津，还是将这些器物理解为主人公久已失宠，居所器物陈旧更与诗中渲染的氛围相宜。人是群居动物，一旦离群索居，那种隔绝感往往会令人疯狂的。“卧听南宫清漏长”，夜深卧床是要就寝了，可是一个“听”字，又写出这名宫女全无睡意。夜晚是一个人最难捱的时候，所有的繁华往事，所有的离愁别绪，都会乘着夜色袭来。诗中的这位宫女已被寂寞、痛苦噬咬得彻夜难眠，那一声声的清漏之声，从皇上的居所南宫传来，每一声都敲着她敏感的神经。清漏，指深夜铜壶滴漏之声。这样就写出了一个寂寞痛苦得快要崩溃的女子，凭着那清漏之声，怀念曾经的美好时光，凭着那清漏之声，盼着漫漫长夜快点结束。全篇的深意都在这最后一句。

其　三

奉帚平明金殿开，且将团扇共徘徊。玉颜不及寒鸦色，犹带昭阳日影来。

《乐府诗集》题作《长信怨》，本于陆机《婕妤怨》。原为组诗，共五首，这是第三首。汉成帝班婕妤美而能文，有宠。后因成帝移情于赵飞燕、赵合德姊妹，忧谗畏妒而自请到长信宫侍奉太后，自作《怨歌行》。本诗开篇即用团扇诗意——以秋扇见弃，喻君恩的中断。

后两句进而设喻，谓人不如鸦，只为昭阳日影相加与否的缘故。晚唐孟迟的《长信宫》："君恩已尽欲何归？犹有残香在舞衣。自恨身轻不如燕，春来还绕御帘飞。"设喻似更新巧，隐括了飞燕二字，但也比较刻意。王昌龄的比喻突破"拟人必于其伦"的限制，将"寒鸦"和"玉颜"这两个毫无可比性的东西作比，谓美不如丑，颠倒黑白极矣，含意更加丰富。

其　四

真成薄命久寻思，梦见君王觉后疑。火照西宫知夜饮，分明复道奉恩时。

这首宫怨诗是一位刚刚被抛入冷宫的宫女的呐喊，充满了激愤、无奈与失落。全诗皆是这个女子的内心表白，句句发自肺腑，令人唏嘘。

她懊恼。“真成薄命久寻思”，打入冷宫了，这位可怜的女子还没回过神来。“真成薄命”中“真成”二字值得玩味。这二字表明她知道皇宫深如海，知道有可能打入冷宫的命运，只是她平日的小心谨慎、她得意时的不屑一顾，都使她自己觉得这厄运不会落在自己头上。当这一切变成现实时，她不信、不愿、不甘，她懊恼、她愤闷，她的自尊受到打击，她的自信荡然无存。她不能埋怨君王无情，只能叹息自己终究也成了薄命之人，这感喟因而深沉，这忧怨因而漫长。“久寻思”，对这一命运，她还不能接受。她反反复复，搜肠刮肚，不放过一个小细节，她在回忆，在判断，在思考祸端从何而起。对宫女而言，命运即是承宠，承宠即是斗争。这是一场智商的较量，这是一场残酷的斗争。诗中的女子非不聪明、非不美丽，她的咏叹只让人想起命运的无常，君恩的难测！

她痴情。她唯一可以寄托情感的就是将她打入冷宫的君王，她所有的幸福就是这个拥有三千粉黛的负心人。毕竟自她入宫来，就难得见到别的男子。昨天还是“长得君王带笑看”的红颜，昨天还是“芙蓉帐暖度春宵”的得宠者……虽然打入冷宫，怎能不再思念，怎能就此释怀？梦见的全部都是君王，自己又回到了君王身边，又过着歌舞升平的日子……醒来却是冷冷的长夜，回忆起梦中的美好场景，她却再也没有勇气去憧憬未来。失宠的宫中女子，却只能是自怨自艾今生已休矣！

她绝望。“火照西宫知夜饮，分明复道奉恩时”，一边是青灯长夜，一边是火树银花。如果说她的怀疑中还有一点渺茫的希望，那么看到冲天的灯火，她已是彻底绝望了。这就是她昨天的熟悉的生活啊！她曾经就是夜宴上的女主角，如今却已深居冷宫。“分明”道出了宫女对现实的判断，已有新人承宠了。在情感色彩上表现出这位宫女的惊讶、失落、无奈。爱情是自私的，对于宫中女子而言，也不例外。诗中这位昔日承宠的宫女，在得知皇上另有新欢的心情是怎样的酸涩，对自己的未来是怎样的绝望，已深深嵌入这七个字之中。

从全诗来看，前两句与后两句形成鲜明的对比。一边是打入冷宫，一边是歌舞升平；一边是宫女的苦苦思念，一边是君王的另有新欢。还有失宠的女人与得宠的女人的对比，今天的失宠者正是昨天的得宠者，而今天的得宠者，又何尝不会是明天的失宠者呢？

春宫曲

（唐）◎ 王昌龄

昨夜风开露井桃，未央前殿月轮高。平阳歌舞新承宠，帘外春寒赐锦袍。

这首诗吟咏汉代卫子夫得宠的情景。卫子夫是平阳公主家的歌伎，容貌美艳、能歌善舞，来散心的汉武帝一眼相中她，在平阳公主家中极尽欢娱。之后子夫被送入宫中，后来做到了武帝的第二任皇后，给家族带来极大的荣耀，以至时人不重生男重生女。

可是，性情暴戾的汉武帝仅皇后就立了四个，更遑论其他嫔妃了，得宠与失宠只是须臾之间。在平阳公主家就得到宠幸的子夫初入宫时，也是立刻被抛之脑后，一年后遇到汉武帝释放宫女，才再次面君。她抓住这最后的机会，用眼泪再次获得怜爱，生下皇子并被立为后。后来子夫色衰爱弛，李夫人、钩弋夫人相继得宠，太子又遭陷害身亡，子夫也受到牵连而自尽身亡。知道了这个背景，就明白子夫的得宠也只是昙花一现的灿烂，不禁让人唏嘘不已，诗中的种种风光也蒙上了一层沧桑。

全诗从“昨夜”落笔，记述了时间。第一句中的“露井桃”值得我们玩味。王昌龄的另一首诗写一个失宠者，对环境的描写是“金井梧桐秋叶黄”，用的意象是井边的梧桐，时间是万物凋谢的秋天。而此诗中，对一个得宠者的环境描写则是井边的桃花，时间是百花盛开的春天。桃花在中国传统文化中象征着吉祥、美丽，情感上是愉

悦的，而梧桐则象征着凋落、枯萎，情感上是悲伤的。风开露井桃，春风送暖，桃花应时而开，露珠盈盈，宫中景象变得暖意融融，这种比兴写法为后面奠定了情感基础。可见，诗中所用意象都是诗人刻意选择的，而非真实的时间与景色，其间充满了浓郁的情感。

诗人在第二句中将明月下灯火通明的未央宫呈现在人们面前。我国历史上现存时间最长的宫殿是汉代长安宫殿，而未央宫又是汉代宫殿中最重要的一个，它甚至成了汉朝的代名词。它的前身是秦朝的皇宫兴乐宫，是汉朝建立后，高祖刘邦派他的亲信重臣萧何监制，对兴乐宫进行扩建而成。其位置在长安城的西北，也是长安城位置最高的建筑。汉代历任皇帝处理朝政、饮食起居都在这里，金屋藏娇的故事发生在这里，王昭君也在这里自请前往匈奴和亲，著名的钩弋夫人的故事也在这里演绎……可以说，汉朝重要的政治决策、著名的宫廷故事都与未央宫的亭台高楼有关。其间的悲欢离和、刀光剑影，使得未央宫不再仅仅是一个建筑一道风景，而成为一种情绪或者说一种情结。每向这里跨进一步，就是向皇权靠拢一步。高高的未央宫不仅是雄踞西北、俯瞰长安城的高大建筑，也是所有雄心勃勃的人们挑战的心理高度。在这首诗中灯火通明的未央宫显然充满了得志者的愉悦。古代的时候没有街灯，下面一片昏暗的长安城，高处灯火辉煌的未央宫，在皎洁的月光映衬下，更显得明亮。

尽管人们都说高处不胜寒，可是得宠者所受到的恩遇又实在丰厚。沈德潜《唐诗别裁》云："只说他人之承宠，而己之失宠悠然可会，此《国风》之体也。"王尧衢《古唐诗合解》云："失宠者思得宠者之荣，而愈加愁恨，故有此词也。"此诗是否是失宠者的愁恨之声还可斟酌，但"不寒而寒，赐非所赐"确是事实。想子夫得宠时，武帝对卫氏一门是宠幸万分的，她的家人在短短的时间内都得到了恩赐：她的弟弟卫青，被升为侍中兼"建章监"，不久加升为大中大夫；别的兄弟在几天时间内就得到了价值千金的赏赐；她的两个姐夫也迅速得到提拔。

古代的君王都是一样的，那"回眸一笑百媚生，六宫粉黛无颜色"的杨妃也是让明皇一掷千金。王昌龄是否想借此来讽刺唐明皇宠幸杨贵妃呢？

青楼曲二首

（唐）◎ 王昌龄

白马金鞍随武皇，旌旗十万宿长杨。楼头少妇鸣筝坐，遥见飞尘入建章。

驰道杨花满御沟，红妆漫绾上青楼。金章紫绶千余骑，夫婿朝回初拜侯。

历来这两首《青楼曲》都被很多人做为男人事业成功、家庭幸福的典范作品。而从这位七绝圣手擅写闺情、长于写怨的特点来看，这首诗关注的是这样一个女性群体的精神世界：那就是为建功立业、追求声名，成天在外忙忙碌碌的一群男人家中的妻子们，她们年轻美貌、生活富裕，却得不到丈夫的关爱，精神苦闷。俞陛云在《诗镜浅说续篇》中说“此诗与《闺怨》同出一首”，颇有道理，它是一首实实在在的闺怨诗。

在爱情与事业的关系上，王昌龄一直是关注情感的充实，同情被孤零零扔在家中的少妇。他的另一首著名的《闺怨》诗写道：“闺中少妇不知愁，春日凝妆上翠楼。忽见陌头杨柳色，悔教夫婿觅封侯。”写一个闺中少妇在看到春天的美景时产生的愁怨心情，最后两句直接表明了诗人的态度，对独守空闺的少妇的愁怨寄予了深切的关注和同情。而《青楼曲》中愁怨写得含蓄委婉，不细细品味，很难真正理解诗的意旨。

第一首诗通过对比来表现少妇的愁怨。第一个场景是丈夫踌躇满志、春风得意

的场景。“白马金鞍”是通过不凡的装束来表现丈夫的英俊潇洒、身份高贵。“随武皇”，她的夫君是皇帝身边的近侍之臣，是皇帝的亲信将军。十万将士的统帅，何等威风。夫君的身份、地位乃至日常工作都交代清楚了。可以想象，他时时追随在帝王身边，哪里还有工夫顾及自己的小家呢？此时的他正侍奉君王校猎呢，就住宿在长杨宫。长杨宫是汉代皇帝狩猎时的行宫。汉代的皇帝都很喜欢狩猎，特别是汉武帝，每到冬季都要到长杨宫狩猎。唐代的天子也是非常喜欢狩猎的，唐太宗李世民的弟弟齐王元吉就宣称：“我宁三日不食，不可一日不猎。”诗中是借汉代天子来指唐代天子。十万军队旗帜招展，骏马奔腾，狩猎场面热烈而壮观。很难想象这时的他还有闲暇来思念他的妻子。“宿”字点明了在狩猎期间，丈夫都是在外居住，家中少妇又是空闺独守。另一幅场面是长安城中的一角阁楼上，一位娴静的弹筝少妇独坐楼头，从她的琴弦上流淌出铮铮琮琮的弦律。少妇的心情到底怎样，可以从登楼这个意象来分析。在中国古代诗歌中，登楼这个意象常与愁思相连。辛弃疾《丑奴儿》“少年不识愁滋味，爱上层楼。爱上层楼，为赋新词强说愁”，把愁思与登楼的关系说的特别明白。弹琴也常与遣怀有关，如阮籍的《咏怀诗》中“夜中不能寐，起坐弹鸣琴”。李季兰的《相思怨》把这种情绪写得更明白：“携琴上高楼，楼虚月华满。弹着相思曲，弦肠一时断。”楼上弹琴，常常是一种排遣忧郁的方式。

这两个场景：一个热烈激昂，一个安静低回。结合王昌龄创作的特点，把弹琴少妇的情绪理解为一种愁绪也许更贴切。如果诗意到这里还不明了，那么最后一句“遥见飞尘入建章”则更彰显诗意。建章是建章宫。经过漫长的等待，经过无数个孤独的夜晚，夫婿终于回来了，却不是回到妻子身边，而是追随帝王去了皇宫。作为妻子，却只能“遥见”——远远地看见一骑烟尘。

第二首也是用对比来表现少妇的闺怨。“驰道杨花满御沟，红妆漫绾上青楼”，在夫婿的车队驶过的地方，扑入少妇眼帘的是飘落的杨花委身沟渠。杨花就是柳絮，与别的花开在枝头不同，杨花漫天飞舞，飘零无助，因此常常用在表现离愁别绪的诗歌中。诗中满御沟的杨花，堆积成卷，聚集成团，这是夫婿的车队刚刚驰过，马蹄风过，将驰道上的杨花都吹卷落到御沟中了。看到他刚刚路过的痕迹，却依然不见他的身影，少妇的惆怅婉转悠长。满腹愁怨的少妇无以遣怀，只好又一次登上高楼。诗中的“青楼”并不是指妓院，其原意为“青漆粉饰之楼”，后是指华丽的楼院。楼宇虽然华丽，心情却是如此的失落。最耐人寻味的是少妇的妆容：“红妆漫绾”，头发零散。女子在心爱的人面前都是极尽修饰，竭力展现自己的美貌。而夫婿已经回来了，她却依然不修边幅，只能暗示了夫婿虽已回朝，但是公务繁忙，归家的时间还是一个未知数。如果说前面的分析还不足以表明这是一首怨诗，那么少妇随意的妆容，自古以来就是怨妇的独特的装束了。《诗经》中早有“自伯之东，首如飞蓬”的句子。这两句诗描绘了一位懒于梳洗的少妇，登上华丽的楼宇极目远眺，她看到满目的杨花，勾起她无限的愁思。登楼的行为既有盼望，也有遣怀。

第二个场景是夫婿回朝受赏的场面。金章紫绶是指紫色印绶和金印，古代丞相所用，后用以代指高官显爵。荣登高位，还得到了千余骑的赏封，功成名就，名利双收，就是在封建时代，这也是成功男人的标志了。当这个男人在享受皇帝的赏赐、成功的喜悦时，与之对比的场面是家中冷冷清清、形单影只、翘首企盼的少妇。人们常常看到贵妇人夫贵妻荣、风光显赫的一面，却很少能理解她们生活的孤独和愁苦。王昌龄却眼光独到，将笔触深入到她们的内心之中。

王昌龄擅长以景写情，婉曲深幽，沈德潜在《唐诗别裁》中评其诗“测之无端，玩之无尽”。正因其诗鳞爪微露，旨意微茫，难怪人们会误读这两首诗，把它做为成功男人事业、家庭双美的代表。

闺　怨

（唐）◎ 王昌龄

闺中少妇不知愁，春日凝妆上翠楼。忽见陌头杨柳色，悔教夫婿觅封侯。

封建时代妇女活动范围限于家庭，所谓足不出户，精神特别空虚，把夫妻间的团聚看得很重，然而由于生活的原因，却以不能如愿的时候居多，此闺怨所由作也。

王昌龄这首闺怨写得相当别致，相当深刻，为众多同类之作不及。写“闺怨”，却先说“不知愁”。刻意求深的读者往往不得其解，或曰为礼教所囿不便流露愁情，这种说法不合唐代实际，也不合诗意；或曰“少年不识愁滋味”，但这是少妇，不是少年（男性）；或曰诗中少妇是半憨的，所以“不知愁”，但写半憨的少妇没有普遍意义，又与诗意不合。其实“不知愁”就是“不知愁”，盖以从军为荣，盛唐社会风气如此，“功名只向马上取”，“觅封侯”不但是少年的愿望，亦必合于少妇的幻想。少年壮志不言愁和“闺中少妇不知愁”，是完全可能的事。

首句说罢“不知愁”，次句具体说明她是怎样的“不知愁”。在一个春天的早上，她打扮得济济楚楚，款步登楼，既为赏景，也未尝没有几分风流自赏的意味。“凝妆”即严妆、浓妆，知愁者断不如此——“自伯之东，首如飞蓬。非无膏沐，谁适为容？”

第三句是全诗转折的关纽，当少妇登楼观望街景时，发现最醒目的却是街头青青的柳色，刹那间情绪就发生了变化。“杨柳色”虽然在很多场合可作为“春色”的代称，然其形象的暗示性却要大得多，它既可以使人联想到青春年华，也可以使人联想到好景不长（“蒲柳之姿，未老先衰”），还可以使人联想到折柳送别和《折杨柳曲》而引起伤离，这些联想都可以通往远方引起对夫婿的思念，从而使少妇产生了一个从来没有如此强烈的悔恨的念头：“悔教夫婿觅封侯。”

诗中少妇情绪的变化在刹那间发生，看起来是突变，其实也有个渐进过程——就在少妇表面“不知愁”的当儿，她的潜意识中未尝没有惆怅和孤独的情绪在滋长，当其遇到一定外部条件（如“杨柳色”）的刺激，就会发生突变。所以“忽见”两字是大转折，“悔教”二字是现有的心情，而别后思念、平日希望等等矛盾的心理状态，也都包含在其中了。

这首七绝截取一个生活断面，抓住少妇心理发生微妙变化的刹那予以集中描写，使读者从偶然见到必然，由突变联想到渐进，不但表现了诗人对笔下人物心理变化的准确把握，同时在艺术上也做到了以小见大。

伊州歌

(唐)◎王　维

清风明月苦相思，荡子从戎十载余。征人去日殷勤嘱，归雁来时数附书。

王维（699—761），字摩诘，太原祁（今山西祁县）人，后徙家蒲州（今山西永济西）。玄宗开元九年（721）中进士，任太乐丞。二十三年任右拾遗。曾以监察御史出使凉州，为河西节度使幕府判官。二十八年迁殿中侍御史。曾居蓝田辋川。上元元年（760）官尚书右丞，世称王右丞。有《王右丞集》。

“伊州歌”为边地曲调，本篇是当时梨园著名歌曲。

“清风明月”两句，展现出一位女子在秋夜里苦苦思念远征丈夫的情景。它的字句使人想起古诗人笔下“青青河畔草，郁郁园中柳。盈盈楼上女，皎皎当窗牖。……荡子行不归，空床难独守”的意境。这里虽不是春朝，却是同样美好的秋晚，一个“清风明月”的良宵。虽是良宵美景，然而“十分好月，不照人圆”，给独处人儿更添凄苦。这种借风月以写离思的手法，古典诗词中并不少见，王昌龄诗云：“送君归去愁不尽，可惜又度凉风天。”意味虽然彼此相近，但“可惜”的意思，在王维诗中表现更为蕴藉不露。

“一日不见，如三秋兮”，何况一别就是十来年，“相思”怎得不“苦”？但诗中女子的苦衷远不止此。后两句运用逆挽手法，写女主人公回忆发生在十年前一幕动人的生活戏剧。也许是在一个长亭前，送行女子对即将入伍的丈夫说不出更多的话，千言万语化成一句叮咛：“当大雁南归时，书信可要多多地寄啊。”嘱是“殷勤嘱”，要求是“数（多多）附书”，足见她是怎样地期待着。这一逆挽使读者的想象在更广远的时空驰骋，对“苦相思”三字的体味更加深细了。

这两句不单纯是个送别场面，字里行间还回荡着更丰富的弦外之音。把“归雁来时数附书”的旧话重提，大有文章。那征夫去后是否频有家书寄内，以慰寂寥呢？恐怕未必。那女子旧事重提，不为无因。“苦相思”三字，尽有不同寻常的具体内容，耐人玩索。

进一步讲，还可比较类似诗句：岑参《玉关寄长安主簿》“东去长安万里余，故人何惜一行书”，张旭《春草》“情知海上三年别，不寄云间一纸书”。岑、张一样道出亲友音书断绝的怨苦心情，但都说得直截了当。而王维句却有一个回旋，只提叮咛附书之事，音书阻绝的意思表达得相当曲折，怨意隐然不露，尤有含蓄之妙。

子夜吴歌

(唐)◎李　白

秋　歌

长安一片月，万户捣衣声。秋风吹不尽，总是玉关情。何日平胡虏，良人罢远征？

《子夜吴歌》一作《子夜四时歌》，四首分写春、夏、秋、冬四时。这里选的两首皆为征人思妇之辞。

《秋歌》的手法是先景语后情语，而情景始终交融。“长安一片月”，是写景同时又紧扣题面写出“秋月扬明辉”的季节特点。而见月怀人乃古典诗歌传统的表现方法，加之秋天是赶制征衣的季节，故写月亦有兴义。此外，月明如昼，正好捣帛，而那“玉户帘中卷不去，捣衣砧上拂还来”的月光，对于思妇是何等一种挑拨啊！制衣的帛须先置砧上，用杵捣平捣软，以备裁缝，是谓“捣衣”。这明朗的月夜，长安城沉浸在一片此起彼落的砧杵声中，而这种特殊的“秋声”对思妇又是何等一种挑拨啊！“一片”、“万户”，写光写声，似对非对，措语天然而得咏叹味。秋风，也是撩人愁绪的，“秋风入窗里，罗帐起飘扬”，便是对思妇第三重挑拨。月朗风清，风送砧声，声声都是怀念玉关征人的深情。著“总是”二字，情思益见深长。这里，秋月秋声与秋风织成浑成的境界，见境不见人，而人物俨在，“玉关情”自浓。无怪王夫之说：“前四句是天壤间生成好句，被太白拾得。”(《唐诗评选》)此情之浓，不可遏止，遂有末二句直表思妇心声：“何日平胡虏，良人罢远征？”过分偏爱“含蓄”的读者责难道：“余窃谓删去末二句作绝句，更觉浑含无尽。”(田同之《西圃诗说》)其实未必然。“不知歌谣妙，声势出口心”(《大子夜歌》)，慷慨天然，是民歌本色，原不必故作吞吐语。而从内容上看，正如沈德潜所指：“本闺情语而忽冀罢征。”(《说诗晬语》)使诗歌思想内容大大深化，更具社会意义，表现出古代劳动人民冀求过和平生活的善良愿望。全诗手法如同电影，有画面，有“画外音”。月照长安万户，风送砧声，化入玉门关外荒寒的月景。插曲：“何日平胡虏，良人罢远征。”……这是多么有意味的诗境啊！须知这俨然女声合唱的“插曲”绝不多余，它是画面的有机组成部分，在画外亦在画中，它回肠荡气，激动人心。

李白(701—762)，字太白，号青莲居士，祖籍陇西成纪(今甘肃秦安)，生长于蜀。玄宗开元十二年(724)出蜀漫游，先后隐居安陆(今属湖北)与徂徕山(在今山东)。天宝元年(742)奉诏入京，供奉翰林，后赐金还山。安史之乱中因从永王璘获罪，系身囹圄，一度流放。有《李翰林集》。

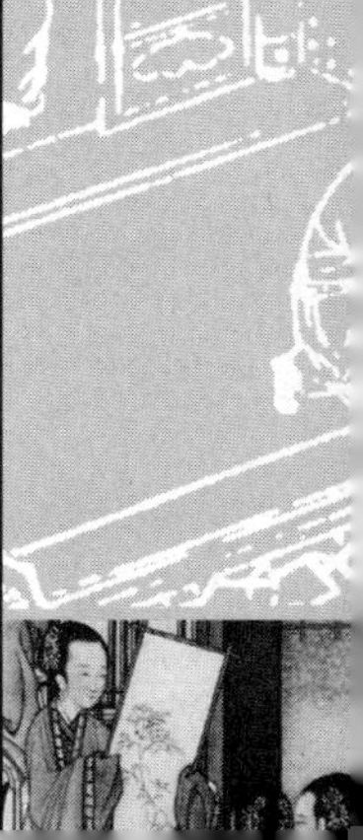

冬　歌

明朝驿使发，一夜絮征袍。素手抽针冷，那堪把剪刀。裁缝寄远道，几日到临洮？

《冬歌》则是另一种写法。全诗不写景而写人叙事，通过一位女子“一夜絮征袍”的情事以表现思念征夫的感情。事件被安排在一个有意味的时刻——传送征衣的驿使即将出发的前夜，大大增强了此诗的情节性和戏剧性。一个“赶”字，不曾明写，但从“明朝驿使发”的消息，读者可以从诗中处处看到这个字，如睹那女子急切、紧张劳作的情景。关于如何“絮”、如何“裁”、如何“缝”等具体过程，作者有所取舍，只写拈针把剪的感觉，突出一个“冷”字。素手抽针已觉很冷，还要握那冰冷的剪刀。“冷”便切合“冬歌”，更重要的是有助于情节的生动性。天气的严寒，使“敢将十指夸针巧”的女子不那么得心应手了，而时不我待，偏偏驿使就要出发，人物焦急的情态宛如画出。“明朝驿使发”，分明有些埋怨的意思了。然而，“夫戍边关妾在吴，西风吹妾妾忧夫”（陈玉兰《寄夫》），她从自己的冷必然会想到“临洮”（今甘肃临潭西南）那边更冷，所以又巴不得驿使早发、快发。这种矛盾心理亦从无字处表出。读者似乎又看见她一边呵着手一边赶裁、赶絮、赶缝。“一夜絮征袍”，言简而意足，看来大功告成，她应该大大松口气了。可是，“才下眉头，却上心头”，又情急起来，路是这样远，“寒到身边衣到无”呢?这回却是恐怕驿使行迟，盼望驿车加紧了。“裁缝寄远道，几日到临洮？”这迫不及待的一问，含多少深情啊。《秋歌》正面归结到怀思良人之意，而《冬歌》却纯从侧面落笔，通过形象刻画与心理描写结合，塑造出一个活生生的思妇形象，成功表达了诗歌主题。结构上一波未平，一波又起，起得突兀，结得意远，情节生动感人。

如果说《秋歌》是以间接方式塑造了长安女子的群像，《冬歌》则通过个体形象以表现社会一般，二诗典型性均强。其语言的明转天然，形象的鲜明集中，音调的清越明亮，情感的委婉深厚，得力于民歌，彼此并无二致。

忆秦娥

（唐）◎ 李　白

箫声咽，秦娥梦断秦楼月。秦楼月，年年柳色，霸陵伤别。　乐游原上清秋节，咸阳古道音尘绝。音尘绝，西风残照，汉家陵阙。

有人统计由唐至元文人词中《忆秦娥》一调，发现用调名本意的只有李白，故推断李白《忆秦娥》必为始辞，"娥"属方言，是秦晋间对美女的称谓（扬雄《方言》）。

词境从箫声开始。箫声出于深孔之中，幽幽咽咽，清深过于长笛。善状箫声者，莫过于苏东坡："客有吹洞箫者，其声呜呜然，如怨如慕，如泣如诉，余音袅袅，不绝如缕，舞幽壑之潜蛟，泣孤舟之嫠妇。""嫠妇"与"离妇"，实有同情。著一"咽"字，便尽得箫声之神理。箫声是秦娥梦醒后听到的声音，又是打断秦娥之梦的声音。梦断犹言梦醒，但一字之别，意味全殊，盖"断"者中断，含有惊梦之意。没有箫声的月夜不是最美的月夜，没有月夜的箫声不是最美的箫声。今夜月色明亮，箫声又令人想起弄玉追随萧史，在箫声中双双飞升的本地传说，为什么伊就没有那样的幸运呢？自从当年折柳，征夫西行，他就再也没有从霸桥那边回来。词人说到"秦娥梦断"，至于秦娥所梦为何，却不予道明，任人寻味。

词的上片在音情上值得注意的是"秦"字三出，"秦楼月"的重出，作为《忆秦娥》的始辞，这里的重叠则完全是出于匠心的经营。"秦"字是一个发音较重的舌齿音，它的三叠，与"举杯消愁愁更愁"的"愁"字三叠，其音情之妙，正所谓"语不涉己，若不堪忧"，是异曲同工的。忧从何来？来自惊梦，即从梦境回到现实。什么现实？"年年柳色，霸陵伤别"——自从当年霸桥折柳话别，以后年复一年，只见柳色不见人。

霸陵是汉文帝陵，在长安城东七十里，近有霸桥，为长安士人折柳送别之所。

过片境迁：箫声没了，月色没了，秦娥似乎也没了。时间：重阳节、黄昏时分；地点：乐游原。乐游原又称杜原，汉宣帝在此筑陵，故又称杜陵，原居京城最高处，四望宽敞，在唐时为登览胜地。解此，则“乐游原上清秋节”当指重九佳节无疑。此时乐游原上，满是长安士女，热闹的气氛一直维持到黄昏（乐游原上的日落景观是非常吸引人的）。与这一番热闹形成强烈对照的是西行大路的冷清（“咸阳古道音尘绝”）和沿途汉陵的冷清（“西风残照，汉家陵阙”）——原来汉帝诸陵，如高祖长陵、惠帝安陵、景帝阳陵、武帝茂陵，都在长安与咸阳之间。末二句使人联想到李商隐登乐游原所写的“夕阳无限好，只是近黄昏”，词中所写也是黄昏登原时所见：西行的道路在早上是车马喧阗的，黄昏时分则不见行人，本来就静悄悄的陵墓，在西风残照之中，更见寂寞凄清。这里，第一个把“古道”、“西风”、“残照”这些衰飒的意象构成一种最佳组合，来表现一种感伤的意境。

长安士女经过一日游览，当已渐渐归去。与白天的热闹形成强烈对照的是西风残照之下，通向西边的大道以及沿途长陵、安陵、阳陵、茂陵等汉家陵阙的冷清。词中第一次将古道、西风、残照几个意象加以组合，构成苍凉境界。词中怨情，于是上升而为古今情、天地情。

词的客观情景中包含的意味很长，原来就是这一条西行的大道，从汉至唐，不知送走了多少征人，“何人此路得生还”呢？就在这里，读者发现了词情上下的关联或切合点。上片的秦娥怨，就在咸阳古道、西风残照中，得到了呼应和延伸。词情悲凉跌宕，读罢有天地茫茫、何处是归程的感觉。所以徐士俊评曰：“悲凉跌宕，虽短词中具长篇古风之意气。”（《古今词统境》）王国维更说：“寥寥八

字，遂关千古登临之口。”(《人间词话》)

此词上片写中夜梦回的秦妇之怨，意境朦胧、深曲、伤感、缥缈；而下片写黄昏登览的长安士人之怅望，意境开阔、悲凉、雄浑、慨慷。上片则近温庭筠《瑶瑟怨》(“冰簟银床梦不成，碧天如水夜云轻。雁声远过潇湘去，十二楼中月自明”)，下片则近李商隐《登乐游原》，将两种具有不同美感而又彼此联系的意境合而为篇，成为主旋律相同而又有变奏的两部曲，无疑大大提高了词的境界，深化了词的内涵。

这首词在艺术表现上最值得注意的，一是在时空上具有很大的跳跃性，却又包蕴密致。柳色暗示春景，下片却明点秋令。霸陵在长安东，而乐游原在长安东南，咸阳古道在长安西北。在时空处理上看似散漫，却因“咸阳古道音尘绝”与“霸陵伤别”的呼应，使上下片的词情得到贯通，使词中的秦娥之忆得到升华。

二是最大限度地发挥了音律的作用。此词句句入韵，一韵到底，而两片的中间都有三字句(“秦楼月”、“音尘绝”)部分地重复着上句，这种重复在意义上并不必要，但在音调上是需要的，对上句尽了和声的作用，同时逼出下一个韵脚来，以唤起新的情绪、新的意念，这里面充满神韵，有如串连起真珠之红线。这是一种纯歌曲的做法，它使声音的作用在词中占有了举足轻重的地位。

怨　词

（唐）◎ 崔国辅

妾有罗衣裳，秦王在时作。为舞春风多，秋来不堪著。

崔国辅（678—755），吴郡（今江苏苏州）人，一说山阴（今浙江绍兴）人。玄宗开元十四年（726）登进士第，官至礼部员外郎。天宝间因遭遇牵连，被贬竟陵司马。《全唐诗》存诗1卷。

封建宫廷的宫女因歌舞博得君王一晌欢心，常获赐衣物。女主人公刚刚翻检过衣箱，发现一件敝旧的罗衣，牵惹起对往事的回忆，不禁黯然神伤。第一句中的“罗衣裳”，既暗示了主人公宫女的身份，又寓有她青春岁月的一段经历。第二句说衣裳是“秦王在时”所作，这意味着“秦王”已故，又可见衣物非新。第三句说罗衣曾伴随过宫女青春时光，几多歌舞。第四句语意陡然一转，说眼前秋凉，罗衣再不能穿，久被冷落。两句对比鲜明，构成唱叹语调。“不堪”二字，语意沉痛。表面看来是叹“衣不如新”，但对于宫中舞女，一件春衣又算得了什么呢？不向来都是“汗沾粉污不再著，曳土踏泥无惜心”（白居易《缭绫》）么？这里有许多潜台词。

刘禹锡的《秋扇词》云：“莫道恩情无重来，人间荣谢递相催。当时初入君怀袖，岂念寒炉有死灰！”《怨词》中对罗衣的悼惜，句句是宫女的自伤。“春”、“秋”不止指季节，又分明暗示年华的变换。“为舞春风多”包含着宫女对青春岁月的回忆；“秋来不堪著”则暗示其后来的凄凉。“为”字下得十分巧妙，意谓正因为有昨日宠召的频繁，久而生厌，才有今朝的冷遇。初看这二者并无因果关系，细味其中却含有“以色事他人，能得几时好”（李白《妾薄命》）之意，“为”字便写出宫女如此遭遇的必然性。

此诗句句惜衣，而旨在惜人。衣和人之间是“隐喻”关系。罗衣与人，本是不相同的两种事物，作者却抓住罗衣“秋来不堪著”与宫女见弃这种好景不长、朝不保夕的遭遇的类似之处，构成确切的比喻。以物喻人，揭示了封建制度下宫女丧失了做人权利这一极不合理的现象，这就触及到问题的本质。

唐人作宫怨诗，固然以直接反映宫女的不幸这一社会现实为多，但有时诗人也借写宫怨以寄托讽刺，或感叹个人身世。清刘大櫆说此诗是“刺先朝旧臣见弃”，按崔国辅系开元进士，官至礼部员外郎，天宝间被贬，此亦可备一说。

魏宫词

（唐）◎ 崔国辅

朝日照红妆，拟上铜雀台。画眉犹未了，魏帝使人催。

宫词中有一种类似咏史诗，借古讽今。这首《魏宫词》是崔国辅的代表作，虽五言四句，但诗意隐晦，非有一定的历史知识不能解读。

诗题为“魏宫词”，指的是三国时的魏国，既为宫词，自然是写宫中之事。初看此诗，是写皇上催宫中妃嫔快快到铜雀台来，并无不妥。细一品味，在曹氏父子中，只有曹丕是称了帝的，诗中的“帝”指的就是此人无疑。这个曹丕在政治上毫无建树，远远不能与其父曹操相比，文学上似乎也无天赋，不能与其弟曹植比，可是在宫闱生活中，却是臭名昭著的。父亲死后，他置伦理于不顾，将父亲生前的爱姬全都纳入自己的后宫，日日在铜雀台作乐。铜雀台是曹操于建安十五年(210)所建的高台，位置在魏都邺(今河北省临漳西南)的西北隅上。据说这里金光闪闪，挖出来一看，原来是一只铜雀。曹操大喜，在这里大兴土木，与金井、冰虎合称三台。他非常喜欢这里，把他的姬妾都安置在这里，并在铜雀台放置一个六尺大床，用蕙帐罩着，每月十五，曹操躺在这大床上，他的姬妾们在帐前歌舞，极尽欢乐。曹操对这铜雀台情有独钟，甚至死了也不想离开，曾命令他的儿子葬他于此。但他死之后，不仅铜雀台成了他儿子的欢乐场，就是他的姬妾们也纷纷投入新主子的怀抱。

这位曹丕，将他老爸的一切都照单全收。他的行为引起了卞太后的强烈不满。《世说新语·贤媛》篇记载一个故事，曹丕生病了，卞太后听说了急急忙忙去看他。到了他的寝宫，看到尽是他父亲曹操生前宠爱的姬妾在当值服侍，太后非常生气，于是不再上前，就此打道回府了。回来后感叹道：“你死了就是狗鼠也不会吃你的，你真该死！”这位卞太后，直到曹丕死，真的再也没有来看过他。可见曹丕的行为多么不得人心，为人不齿。

了解了这个背景，就可以理解这首诗了。卞太后只骂了曹丕狗鼠不食，其实那一群美姬也是无情无义、只知享乐的。“朝日照红妆，拟上铜雀台”，当早晨太阳升起的时候，这位妃子正在梳洗打扮，今天要上铜雀台呢，起来早一点算什么。铜雀台是她再熟悉不过的场地了，这里是皇上的取乐场，是宫中女子的斗艳所。比容貌，比技艺，当初在曹操面前得宠的姬妾，哪个不是铜雀台上的优胜者？现在是新皇帝的天下了，岂能懈怠。哎，此时的她正踌躇满志，何曾想到自己是曹操的未亡人。当初她对曹操的情谊早已置之脑后了。真如《神仙歌》中所唱的“君在日日说君好，君死又随人去了”。这个人，这个自己急忙去献媚的，甚至是名份上的儿子。

后两句诗意更深：“画眉犹未了，魏帝使人催。”就在她精心梳洗打扮，一遍一遍画着长长的眉毛，事事四五通的时候，皇上已经心急如焚，派宫人来催了。看来魏帝比她更急，已是迫不及待想看到她了。但愿他们之间是真正的爱情，那种超越了世俗礼教的爱是令人同情的。可惜的是，魏帝既不是痴情的种子，这位美姬也不是爱的守护者，这表面的浓烈背后不过是权色的又一次苟合！难怪魏帝落得个荒淫的名声。

唐代的诗人崔国辅为什么要将此事写进诗里？这位诗人擅长讽咏，他在借曹丕之事讽刺武则天与唐高宗之事。武则天不是先皇的妃子吗？早在太宗病榻前，就与太子眉来眼去，太宗将逝，自请出家，保得性命。后太子继位，把她接回来，封为才人。这位才人手段了得，一步步爬到皇后的位置。但是无论她如何显赫，她的这段历史都一直为人所不齿。

春 怨

（唐）◎ 金昌绪

打起黄莺儿，莫教枝上啼。啼时惊妾梦，不得到辽西。

金昌绪（？—？），玄宗时余杭（今浙江杭州）人。《全唐诗》存诗1首。

春晨，一位少妇，刚刚做上难得的好梦，飞越千里万里，与久别而又远在军中的丈夫相会。就在这关键时刻，窗外传来一连串的莺啼，把少妇从美梦中惊醒。诗是用少妇对莺嗔怨的口吻写成的。

一句先将梦醒后打鸟的情状表出，起得很突兀。就艺术效果而言，这种写法能一下子抓住读者，引起“悬念”，又符合气急、恼怒时语无次第的实际情况，口角逼肖。二句解释打鸟的原因——“莫教枝上啼”。春莺的歌喉原是美妙的，但少妇听来，却烦心死了，不准它在树枝上叫。为什么呢？“啼时惊妾梦，不得到辽西”。“辽西”是唐代征东部队的驻地。由于少妇的丈夫从军在外，无由相会。这里点出“春怨”的题旨，“悬念”释然。枕上片时春梦，可以行尽千里，在梦中会见亲人，对少妇来说也是难能可贵的。但梦境到底难续，既已惊梦，打鸟何益？但还是要打，这不但把少妇气恼而又单纯得近乎痴稚的情态活现纸上，又具有浓厚的生活气息和生活中常有的幽默情趣。

在写作布局上，《春怨》采用倒叙手法，一浪追一浪，后句说明前句，篇法圆紧，语气蝉联，增添了全诗活泼的情趣。试想一下，要将篇法结构改作“离别——入梦——惊梦——打鸟”，即使内容完全一样，也不免平板枯索，化神奇为平庸了。

八至

(唐)◎李　冶

至近至远东西，至深至浅清溪。至高至明日月，至亲至疏夫妻。

李冶（？—784），女，字季兰，生于长江三峡一带，长期寓居江浙。与诗人刘长卿、陆羽、皎然等有诗往还。德宗建中间于长安陷朱泚之乱，诗有不敬朝廷语，贞元元年（784）因此被杀。《全唐诗》存诗19首。

诗歌要用形象思维，唐诗很重形象思维，这是尽人皆知的，但又很难执一而论。相对于散文来说，诗固然以意象见长，而相对于绘画、音乐来说，诗显然还是以其理性内容取胜的。这首六言绝句就很有哲理意味。由于首字“至”在诗中反复出现八次，故题名“八至”，这在文人诗中很别致。

“至近至远东西”，说的是一个浅显而深奥的道理。东、西是两个相对的方位，没有位置、距离的规定性。地球上除南北极，任何地点都具有这两个方向。二物并置不取南北走向，则此二物已有一东一西的区别了，所以“东西”说近也近，可以间隔为零，“至近”之谓也；如两物沿此两向渐去渐远，可至无穷，却仍不外乎一东一西，可见“东西”说远也远，乃至“至远”。这“至近至远”统一于“东西”是常识，却具有深刻的辩证法。

“至深至浅清溪”，清溪不比江河湖海，“浅”是实情，是其所以为溪的特征之一。然而，它又有“深”的假象，特别是水流缓慢近于清池的溪流，可以倒映云鸟、涵泳星月，形成上下天光，令人莫测浅深。如果说前一句讲的是事物远近相对的道理，这一句则涉及现象与本质的矛盾统一，属于辩证法的不同范畴，绝不是简单重复。诗人想得很深，而且这一句在道理上更容易使人联想到世态人情。总此两句对全诗结穴的末句都具有兴的意味。

“至高至明日月”，相对于前后的诗句，第三句也许是最肤浅的。“高”是取决于天体与地球的相对距离，而日月本不一样。“明”指天体发光的强度，月借日的光，二者更不一样。但是日月同光是人们的感觉，日月并举是向有的惯例，以此入诗，倒也无可挑剔。这个随口道出的句子，在全诗结构上还自有妙处。警句太多容易使读者因理解而费劲，不见得就好，而警句之间穿插一个平凡的句子，恰有松弛心力，以便再度使之集中的调节功能，可为全诗生色。

前三句虽属三个范畴，而它们偏于物理则一，唯有末句专就人情言之，显然是全诗结穴所在——“至亲至疏夫妻”。

当代某些人类学者试图以人的空间需求来划分亲疏关系，而夫妻关系是属于“密切空间”的，特别是谈情说爱之际。按照这样的看法，真是“至亲”莫如夫妻。然而世间的事情往往是复杂的，伉俪情深固然有之，貌合神离而同床异梦者也大有人在。夫妻间也有隐私，也有利害冲突，也有反目成仇的案例——所谓“爱有多深，恨有多深”，而有的则从来没有爱过。在封建社会，由于夫为妻纲，不平等的地位造成不和谐的关系，父母之命、媒妁之言造成没有爱情的婚姻，而这些婚姻中女子的命运往往更加悲苦。这些都是所谓“至疏”的社会根源。

如果说诗的前两句妙在饶有哲理和兴义，则末句之妙，专在针砭世情，极为冷峻。诗人是一位女冠，与男士们多有交往，诗该是有感而发吧。

宫词五首

（唐）◎ 顾　况

顾况（725—814），字逋翁，号华阳山人，又号悲翁，苏州海盐（今浙江海盐）人。肃宗至德二载（757）登进士第，曾官著作佐郎，以作诗嘲诮权贵贬饶州司户参军，后归隐茅山。有《华阳集》。

其　一

禁柳烟中闻晓乌，风吹玉漏尽铜壶。内官先向蓬莱殿，金合开香泻御炉。

国力强盛的唐代，宫殿富丽堂皇，雄伟壮观。这首诗所描绘的大明宫，更是因其气势恢宏被称为“中国宫殿建筑的巅峰之作”。唐诗中有很多赞美大明宫的诗作，这首诗却另辟蹊径，展现了它的另外一面。

大明宫是唐太宗李世民为太上皇李渊避暑修建的宫殿。后唐高宗因身患风痹，决定另搬地势较高的地方居住，最后选择这里作为新宫殿的位置。经过一年的改建扩建，宫殿完成，取名为蓬莱宫。大概因为此宫建在山坡上之故，唐著名文学家李华也是这样解释的：“如山之寿，则曰蓬莱。”它的规模巨大，面积差不多是现在紫禁城的5倍。其中的宫殿雄伟，所用木材俱是近万名工匠在深山老林中千里挑一的结果，李华在《含元殿赋》中描写砍伐的树木倒下时的情景是“势动连崖，拉风碎雷”。一流的材料、一流的工匠，怎能打造不出一流的宫殿？这样一座雄伟壮丽的宫殿耸立在长安城中，与唐帝王们震古烁今的不朽业绩相映成辉。虽然如此，高宗时大明宫有一半的时间都是空的，帝后主要居住在东都洛阳。高宗死后，武后称帝的几十年里都没有回到这里，直到武则天老年才回来，并将蓬莱宫更名为大明宫。武后不愿回到这里，自然有她不可告人的原因，但大明宫作为一代帝都，终将成为国家的中枢，自玄宗以后的历代皇帝都居住在这里。

大明宫也成为诗人们笔下描摹的对象。最著名的就是王维诗中的“九天阊阖开宫殿，万国衣裳拜冕旒”。通过这两句诗，人们可以想象强大的唐朝四方来朝的情景。外国使节们由丹凤门进入，沿着宽阔的御道拾阶而上，进入第一道宫门，一个巨大的广场呈现在面前，极目望去，辉煌壮丽的含元殿高高在上，谁能不被这气势震撼？他们心悦诚服地匍伏下来，向大唐皇帝顶礼膜拜。顾况这首宫词也是描写的大明宫，然而不是它的前廷，而是它的后殿。顾况在中国宫词的历史上有着重要的作用，他的《宫词》五首都以七绝形式表现帝王生活，其叙事的模式成为宫词的特点，其连章形式为宫词组诗的体制立下了标范。

“禁柳烟中闻晓乌，风吹玉漏尽铜壶”，诗的一、二句抓住了大明宫特有的景物：柳树和宫中的玉漏。大明宫的宫内遍植梧桐，沿宫墙则多植柳树。大明宫周长 7628 米，绵延的柳树就成为大明宫独特的一景，诗人们在诗中也多有描写，如张祜的“万树垂杨排御沟”，写宫柳的数量众多，排列整齐；韩翃的“寒食东风御柳斜”，写风中宫柳的姿态。在朦胧的晨烟中，阵阵乌鸣从宫墙边的柳树中传来，在叽叽喳喳的乌鸣声中，宫中玉漏也已滴尽，大明宫一天的生活开始了。宫殿里的人们在做什么呢？在以往的诗歌中大多表现妃嫔们在各自的寝宫中梳妆打扮的情景，而顾况的视野要开阔得多，他关注到了最先在宫中行走忙碌的人们。

“内官先向蓬莱殿，金合开香泻御炉”，内官是内命妇与女官的通称，这些女官们主司宫中的各项事务。她们不如妃嫔们引人注目，但宫中日常事务的运作离不开她们的辛勤劳动。此时周围仍然很安静，她们已经开始忙碌了。她们先向蓬莱殿走去，蓬莱殿位于紫宸殿（就是皇帝生活的宫殿）后面，是后宫嫔妃居住的主殿。她们走到御香炉旁，打开金合香料，哗啦哗啦地倾倒进御香炉中。非常精彩的是“泻”字，既写出了御香炉的体积巨大，也写出了倾倒的香料很多，甚至让人感受到香料倾倒后扑起的烟尘。她们要将整个皇宫熏得香气扑鼻。我们无从考证这是顾况亲眼所见还是听人传言，但有诗人曾写过从皇宫回来连衣服都是香的，读了这首诗，才能理解所言不假。容易让人忽略的是“先”字，层层宫殿，她们要一一走过，从天刚亮开始，要将每一个宫殿熏上香，宫女的辛劳就从中表现出来。

其　二

玉楼天半起笙歌，风送宫嫔笑语和。月殿影开闻夜漏，水精帘卷近秋河。

宫词是以宫廷生活为题材的诗。谈到宫词创作，人们多追溯到中唐王建的《宫词》百首。其实，从现存资料看，最早以“宫词”作诗题，当推唐诗人顾况。况今存宫词6首，均为七言绝句，其中5首为联章体，开了七绝体宫词组诗的先河。

“玉楼天半”，几近九重，就不同寻常富贵人家；其上笙歌四起，也不是寻常的舞乐，而是“此曲只应天上有”。起首写出宫中华贵气象，次句进而写舞殿恩深，宫嫔笑语。这“笑语”、“笙歌”俱由“风送”传闻，大有“咳唾落九天，随风生珠玉”之致。一“和”字写出那声音的悦耳，也写出玉楼中人的欢乐。正是秋来月圆之夜，“月殿影开”，夜分一天长似一天，而宫中行乐焚膏继晷，难以尽欢。“水精帘卷”便见银河（秋河），回应“玉楼天半”，景致优美。这不全然是一幅宫中行乐图么？

然而，这诗中隐隐有一个人——“宫词”的主人公在。那天半笙歌、风中笑语、月影夜漏、帘外秋河都是她的闻见。她显然不在那中天玉楼而遥在别殿，无论她是失宠还是根本未曾承恩者，都不免有万千感触。而这，正是此诗欲说还休的，然而又并非无迹可求。特别是最后两句，“月殿影开”，反见望月者之孤单，“夜漏”不尽，又见长夜难捱。而所有的景物中，最有挑拨性的还是那帘外“秋河”。它使人想到那佳期难逢、人神阻隔的牛女传说。“近秋河”与其说是写景，毋宁是表情，故妙。这宫女长夜不眠，偶然卷帘，不意见此“秋河”，此时又“风送宫嫔笑语”，她该是何等难堪呢？

由于将主人公放到画外，从她的角度来观察描写，读者与之处于同步地位，一时便感不到她的存在。作者又用“风送笑语”、“闻夜漏”、“近秋河”等语作强烈暗示，使读者于不经意中与诗意猝然相逢，感受极深，是之谓含蓄。

其　三

玉阶容卫宿千官，风猎青旂晓仗寒。侍女先来荐琼蕊，露浆新下九霄盘。

很多人都认为能够追随皇帝是一件光荣的事情，其实皇帝一家是奢侈的，出门总是旗帜飘飘，浩浩荡荡。但是这些仪仗队的士兵却是非常辛苦的。这首宫词不仅描写了卫士得到皇帝赏赐的美酒，也为我们展现了仪仗队真实的生活状态。

“玉阶容卫宿千官，风猎青旂晓仗寒”，玉阶是皇宫的台阶。宫殿外的玉阶上，众多将士只能合衣而卧。“宿千官”当然不是实数，而是指人数众多。当皇帝在宫里歌舞升平、饮酒作乐的时候，这许多的将士在寒冷的夜晚睡在宫外，场面固然壮观，但是寒气袭人，尤其是到了早晨的时候，风吹着青旗猎猎飘扬，仪仗队的士兵都觉得非常的寒冷。

前两句写将士们的艰苦生活，“侍女先来荐琼蕊，露浆新下九霄盘”，这两句转而写宫女送美酒。原来皇帝并非不知道外面的恶劣天气，派侍女来慰劳将士们了。“侍女”是皇帝家里的人，派家里的人来安慰将士们，这就是皇帝的恩宠了。所赠送的是什么呢?首先是“琼蕊”，也就是茶，唐代用“琼蕊”来比喻茶。刚把热茶喝了，接下来是“露浆”，也叫凝露浆，是唐代宫廷美酒的名称。酒能御寒，酒也充满了文化内涵。用什么酒来奖赏，也显示了级别的高低和关系的亲疏。这“露浆”酒是宫中秘酒，不轻易向外人出示的。用好茶美酒来犒劳将士，显示了皇恩浩荡。

其　四

九重天乐降神仙，步舞分行踏锦筵。嘈嗷一声钟鼓歇，万人楼下拾金钱。

这首诗描写了大型的皇家歌舞表演活动的盛况。唐代宫廷歌舞异常兴盛，武则天曾下令在皇宫内设“习艺馆”，旨在教宫女们学习诗文，后来逐步演变成专门训练歌手和舞蹈家的“教坊”。玄宗时设梨园。“梨园弟子三千人”，宫中也聚积了大批舞蹈家，由于统治者的大力推崇，唐代的音乐歌舞都达到了很高的艺术成就。凡有庆典，必有宴乐。

“九重天乐降神仙，步舞分行踏锦筵”，诗中描写了大型歌舞，一群宫廷舞女在优美的乐曲声中上场了。她们是如此的不同于凡间女子，以至诗人用“神仙”来形容她们，只见她们个个高贵美丽，飘飘欲仙。在织锦铺就的地毯上，她们表演着精湛的舞蹈。唐代的舞蹈分为如燕乐、健舞、软舞、大曲、歌舞戏等，“步舞”是一种什么舞呢？从它要分行表演的特点来看，这个舞蹈由多人一起表演，特点是舞蹈者步伐整齐、队形变化多样。再结合表演场所的喜庆氛围来看，可推断这个舞当属燕乐的一种。燕乐是唐代著名的舞蹈种类，常用在喜庆的场所。再来看她们踩踏的地毯，花团锦簇，色彩艳丽，人花相映，格外娇艳。这两句表现了宫廷舞女的美丽和宫廷舞蹈的华丽，衬托出宫廷宴乐的豪华奢侈。

顾况不仅为我们记下了宫中的音乐舞蹈表演的盛况，还为我们记下宫中宴乐的一个习俗：那就是在歌舞表演完毕后撒钱的习俗。宫词常常记录下史书所不记载的一些轶事，因而具有史料价值。这一点也是对专写宫女姿容的宫体诗的突破。比如在这首宫词中：“嘈嗷一声钟鼓歇，万人楼下拾金钱。”突然钟鼓音乐声停了，只听得一阵“嘈嗷”声，原来是楼台上洒下了金钱。观众在片刻的停顿之后，突然万众欢腾，纷纷弯下身子去捡钱。另一个诗人张祜在《退宫人》一诗中有“长说承天门上宴，百官楼下拾金钱”，也可见出当时宫廷宴乐时确有撒钱的习俗。

其　五

金吾持戟护新檐，天乐声传万姓瞻。楼上美人相倚看，红妆透出水精帘。

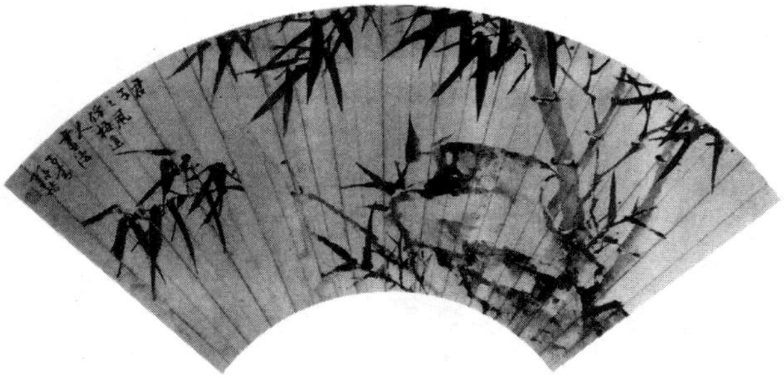

这首诗描写了大明宫的宏伟壮观，但是全诗没有直接写这所宫殿，而是选择了最能代表皇家特点的几个镜头，从侧面表现了新宫殿的雄伟壮观和独特气质。

首二句中，“金吾”、“戟”都是兵器。金吾为铜制套头，两头镀金，御史大夫、司隶校尉等常常“执金吾”夹侍、拱卫皇帝。“新檐”就是指新的宫殿。新的宫殿由军队把守保护着。这些“金吾持戟”的士兵，铠甲披身，浩浩荡荡，威风凛凛。他们的阳刚气质象征着皇家的威严和高贵，首先进入了诗人的视野。新宫殿是这首诗的重点表现对象，但诗人没有直接写新宫殿的宏伟气势，诗中除了第一句有“新檐”二字点明外，就没有再提了，而是转而写宫殿中传出的音乐。“天乐”，大明宫地势很高，长安城里的人听到宫中传出的音乐就好像在半空中响起一样。宫中的音乐优美，回荡在长安城的上空，城里的百姓都情不自禁地抬头瞻望。“瞻”字用得很好，与“天乐”相应。新宫殿如此引人注目，“万姓”瞻看，真可谓是倾城前往了。能引起这么多的人来关注的宫殿，必定是建筑精美的。

第一、二句写了大明宫的威严宏伟，生活高雅，第三、四句转而描写宫中的美女了：“楼上美人相倚看，红妆透出水精帘。”美是平常百姓对宫妃的印象。她们倚靠在楼上，身姿妩媚而动人，美丽的衣服从水精帘中露出来。“透”描绘出若隐若现、隐隐约约的情态，有一种如雾中看花，水中观月的距离美。“水精帘”用琉璃制成，晶莹剔透、摇曳生姿，水精帘与帘中的美女相映成趣，美人在看外面的风景，而她们自身也成了一道风景，成为世人视线的焦点。她们点缀了大明宫的美丽，在大明宫的阳刚之中平添了另一种气质和韵味。

这首诗成功地描写了大明宫的气质与精神。它没有落入俗套去描写其建筑本身，而是通过卫士、百姓、美女一层层渲染，展现了大明宫独特的气质，那就是壮美与柔美的完美结合。

古意

（唐）◎刘　商

连晓寝衣冷，开帷霜露凝。风吹昨夜泪，一片枕前冰。

刘商（？—？），字子夏，彭城（今江苏徐州）人，久居长安。登进士第，代宗大历初任合肥令。德宗贞元中历汴州观察推官、检校虞部郎中。去官为道士，隐居山中炼药求仙。《全唐诗》存诗2卷。

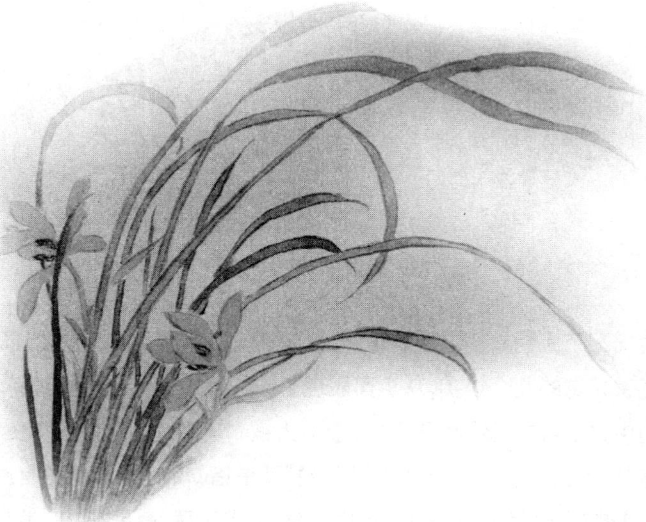

诗实写闺怨，构思上有所翻新，显得不落窠臼。

诗中几乎没有说到怨情，只是一个劲地在写冬夜气候的寒冷。“连晓”即通夜，一夜到晓。“寝衣冷”换言之即被窝睡不热。这个细节不光交代出冬夜的严寒，而且暗点了女主人公的幽独处境，所谓“翡翠衾寒谁与共”，只是不明言后一层意思，便显得不经意罢了。“开帷霜露凝”写室外景象，是一派严霜。句中说“凝”，是偏义于“霜”兼及“露”，则有“白露为霜”的含义。这进一步证实了气温之低。这样的夜晚，独处的人儿将是很难熬的，读者不难推想。

大概女主人公恹恹起床后，先查看了一下户外，不由更添寒噤，于是回身理床，才发现枕畔亮晃晃着了一层薄冰。诗人用其内心独白的语气解道：“风吹昨夜泪，一片枕前冰。”原来如此，可见天气是多么寒冷啊。这里不经意地点出“昨夜泪”，似乎女主人公的注意力已全部集中在讶怪气候寒冷上，已快淡忘了昨夜的苦恼，至少在悲怨的情绪上有所减轻。诗中不写下泪当时，而写泪干之后，这种避重就轻的写法，反而取得了“语不涉己，若不堪忧”的奇效。大抵显意识中的悲哀好写，却往往因流于表面现象而难于打动读者的心；潜意识中的悲哀不易写，写出则耐人寻味，乃至能产生攫住人心的力量。沉重的内容，轻松的形式，无意有意之间产生了欲盖弥彰的感觉。“而今识尽愁滋味，欲说还休。欲说还休，却道新凉好个秋！”（辛弃疾）此诗中女主人公说寒风吹泪居然成冰的两句，实有异曲同工之妙。

晚　鸦

（唐）◎崔　护

黯黯严城罢鼓鼙，数声相续出寒栖。不嫌惊破寒窗梦，却恐为奴半夜啼。

诗中描写的情景应该发生在长安城南，禁夜之后。示意“止其行李，以备窃盗”的暮鼓早已敲过了（“黯黯严城罢鼓鼙”），这时某一民居中的一位妇人，却被宅外高树上的鸦啼声惊醒。出人意表的是，她并未因此埋怨啼鸦，却反作歉然的语气道：“恐怕是我睡梦中的哭声惊扰了枝上的晚鸦罢，真是对不起呀。”看来，她一点也不为那悲哀梦境的惊破而感到遗憾。

这就立刻使读者联想到金昌绪《春怨》。同样被啼鸟惊梦，那可是怨气冲天、迁怒于啼鸟的。两首诗情景形成对照，但不同的形式，却有相同的意味。无论嫌鸟也好，不嫌鸟也好，可以说都不是诗的本旨。诗人通过怨鸟或谢鸟的形式，目的都在于更好地表现闺怨。一般说来，闺怨的本质内容没有太大差别，千差万别处在于表现的方式。不正面写闺怨，而借水怨山，从侧面微挑，更耐人寻思。正是“超以象外，得其圜中”。

这首诗在刻画人物形象上，是很有个性的。那妇人不嫌惊梦，又暗示给我们那梦的悲苦，她不是在梦中都哭了吗？这和《春怨》中一心要做“到辽西”好梦的少妇比，其处境当更凄凉。诗中一面称鸦窠为“寒栖”，一面称自家为“寒窗”，两两相形，最见物我同情之意，不待奴啼惊鸦，鸦啼惊奴，彼此原谅而后知。与《春怨》对读，我们感到这体谅晚鸦的人，是贫妇；那打起黄莺的人儿，却是香闺少妇。由诗见人，也是一妙。

崔护（？—？），字殷功，郡望清河东武城（今山东武城西北）人。德宗贞元十二年（796）进士及第。宪宗元和元年（806）与元、白同登才识兼茂明于体用科。文宗大和三年（829）为京兆尹，同年七月为御史大夫、岭南节度使。《全唐诗》存诗6首。

秋思赠远二首

(唐)◎王　涯

王涯(763?—835),字广津,郡望太原(今属山西),籍贯未详。德宗贞元八年(792)进士及第。十八年中博学宏词科。文宗时两度入相,“甘露之变”中被杀。

当年只自守空帷,梦里关山觉别离。不见乡书传雁足,唯看新月吐蛾眉。

厌攀杨柳临清阁,闲采芙蕖傍碧潭。走马台边人不见,拂云堆畔战初酣。

“秋思”这一诗题常常是与思念有关的,“赠远”是写给远方的妻子。王涯这两首诗是历来为人称道的忠贞爱情的优秀诗作。

虽然中国诗歌中占多数的是女性思念远方的丈夫,但是也不乏对爱情忠贞的男性。王涯就是这样的人。据《唐才子传》,王涯虽做高官而“不蓄妓妾”,与妻子伉俪情深。诗如其人,他的情诗温情脉脉而又充满了阳刚之气。

对于两地分别的人来说,思念是一种甜蜜的痛苦,也是一种痛苦的甜蜜。开篇就是诗人自己的爱情宣言:当年我就立下誓愿,(与妻子两地分别后)甘愿独守空帷。诗中未尽之意是到如今,我依然信守自己的诺言。这是一个男儿的真率与高洁的品格。把自己与眠花宿柳之辈分开来,这在崇尚风流的唐代确实是不易的。

唯其忠贞,才使后面的思念真切而深挚。诗人以三层意思来铺叙他的思念。第一层是诗人因思念而梦起,梦醒而思念。只有在梦中跨越层层关山与妻子相会,梦起时依然是帷帐空空,关山重重。第二层是盼望家书。此句化用了鸿雁传书的典故。苏武牧羊十年,托鸿雁传书方才得救;民间流传唐王宝钏托鸿雁传书向远征的丈夫述相思之情。“鸿雁”成为古代通信的使者,鸿雁这一意象常常引起游子思乡怀亲之

情和羁旅伤感。诗人因思念而盼望妻子的书信，反用此典故来表现丈夫对妻子的思念。他看到天上飞过的鸿雁，多么希望雁足上真的像传说中那样拴着妻子的书信啊!第三层是借月思人。月亮这一意象在中国古代的诗歌中象征着思念。“唯”表现了诗人“此情可计可消除，才下眉头，却上心头”的思念之情。“新月吐蛾眉”，诗人将新月比喻成妻子弯弯的眉毛。通过层层铺叙，反复渲染自己的思念之情。

第二首诗起笔就写自己不喜欢杨柳而喜欢芙蕖。诗人何以对这两种植物产生如此大的情感反差呢?

古人分别时常常折杨柳相赠，对于常年在外驻守边疆的官吏而言，分别已是习以为常的事。对于性情中人的王涯来讲，心里是不愿分别的，不管是夫妻之别还是朋友之别，甚至于只要看到象征分别的杨柳，就产生出了反感之情，哪怕地点不是分别的长亭而是在官署中的清阁。不愿看到杨柳是在情感上为看到芙蕖垫定情感基础。芙蕖就是莲花，在中国古代诗歌中，这一意象则是与爱情相关的。“莲”与“怜”谐音，如《西洲曲》“低头弄莲子，莲子清如水”，“莲子”就是“怜子”。又如《古诗十九首》之六：“涉江采芙蓉，兰泽多芳草。采之欲遗谁?所思在远道。还顾望旧乡，长路漫浩浩。同心而离居，忧伤以终老。”诗中的芙蓉也是指荷花。诗中以一个女子的口吻，描写了以采荷花的方式来表达对远方爱人的思念。而路途漫漫，归期无望，爱侣之间同心而分别，这种刻骨的伤痛终其一生。杨柳和芙蕖，一个是象征离别，一个是象征爱情，诗人“厌攀杨柳”而“闲采芙蕖”，这一憎一爱，恰是诗人不愿分别、渴望与爱人团聚的心迹表露。

接着诗意进一步加深，“走马台边人不见”，这句中有一个典故“走马章台”，是指西汉京兆尹张敞，曾有大臣告他有失体统，罪状一条是“为妻

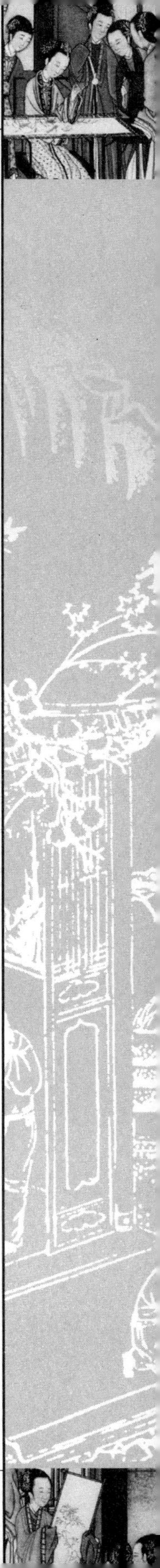

画眉”，一条是“走马章台”。画眉尚可表现他们夫妻情深意浓，章台是汉长安章台下街名，旧为妓院的代称，过章台街则有狎妓之嫌了。张敞对皇上说我们夫妻之间，连比画眉更过分的事还多得很呢。皇上呵呵笑了，也就没有问罪。诗人用张敞之事表明自己也与妻子情谊深厚，连有狎妓之嫌的事都不会做。既以张敞自比，又以张敞自警，表明自忠于爱情的决心。

但是诗人毕竟是七尺男儿，不会沉浸在儿女私情中不能自拔。采芙蕖以寄思念只是诗人在闲暇之时在碧潭边游玩赏乐之时的举动。“拂云堆畔战初酣”，拂云堆是地名。唐时朔方军北接突厥，以河为界，北岸建有突厥人的拂云堆神祠。战事紧张，公务繁忙，在两军对峙、交战频繁的边关，还是把对妻子的思念放一放吧。又仿佛是在安慰娇妻，在我的戍边生活中，除了思念你就是打仗作战了。虽然相隔千里万里，但我对你的爱情始终不渝。

这首诗用各种意象、各种典故反复渲染自己的思念之情，而在诗的最后突然说到边关作战，仿佛很突兀，但正是这一句，将诗意推向深入：其一，这正是自己与妻子分别的原因所在；其二，这正是一个男儿的志向所在，在崇尚功名马上取的唐代，戍守边关、建立军功正是男儿的理想和豪情所在。越是对妻子爱的深切，越是想赢得功名以获得妻子更多的爱与尊重。正是对妻子的爱使他远赴边关，驰骋沙场。

既勇猛精进又儿女情长，其情可解，其理可明。正是它道出了许多平凡夫妻的生活状态，使它不同于普通的情诗，而多了更多的内涵。

宫词(二十七首录二)

(唐)◎王　涯

其　七

一丛高鬓绿云光，宫样轻轻淡淡黄。为看九天公主贵，外边争学内家装。

王涯做到了高官，在宪宗、文宗两朝任宰相，时常有机会出入宫廷宴会，宫中生活自然也就进入了他的诗题。他有《宫词》三十首，现存二十七首。这些宫词细腻地描写了宫中生活的细节。这首宫词描写的就是宫中妇女的发饰、服饰之美。

在历代妇女的发型中，唐代妇女的发饰文化大大超越了前代，既有对前代的传承，又有在传承基础上的刻意创新。唐代妇女发型式样之丰富、样式之新奇、变化之迅速亦是前所未有的。大致而言，隋代的发型式样比较简单，变化亦不多，一般为平顶式，将头发层层堆上，如帽子状。唐代初期开始流行状如云朵型的发型。太宗时，妇女们喜欢将发髻梳高。之后，高髻一直是唐代贵族妇女喜爱的发饰，而且式样很多。诗中说的“一丛高鬓”就是高髻发式，它强调头发高耸，将头发堆于头顶，既能展现头发的自然之美，又能利用头发衬托脸庞的美丽，造型显得高贵典雅。要梳高髻，对头发的自然条件要求较高，头发要多要长方才能做起来。当然，精英的设计师也设计出了利用假发来制造高髻的方法。大唐国力强盛，人民富裕，妇女们也有条件蓄一头乌黑的长发，做出各种样式的高髻。“绿云”也是指头发，如杜牧《阿房宫赋》“绿云绕绕，梳晓鬟矣”。这位公主的头发高耸，乌黑油亮，非常引人注目。

第二句写公主的服饰之美。“官样”就是公主展现在大家面前的样子，是在很正式的场合穿的衣服，属于社交时的礼服。她的衣服是什么样的呢？诗人并没有为我们具体描写公主服装的样式，只是从给人的感觉、颜色来着笔。“轻轻淡淡”，写出了衣衫质地轻薄。开放浪漫的唐代，宫廷贵族流行穿丝绸，开飘柔衣风。“淡淡”写出了若隐若现的黄色裙衫。公主的裙子，飘逸修长，给人的印象极为深刻。除了质地的原因，还有唐代裙子的设计精巧。唐代的裙子和以前的朝代相比，长度有明显的增加，裙子束得很高，酥胸半露，尽显女性的妩媚。裙子的下摆则盖住脚面，有时在地上还拖曳一截。这种设计尽显女性高挑的身姿。

后两句依然在写公主服饰的美丽，但是换了一个角度。“为看九天公主贵”，从周围的人反映写公主的美丽。她的衣服装束是如此的独特，只有高贵的公主才能有啊!大家都争相观看学习。“外边争学内家装”，“内家”是指后宫，富丽的唐代宫廷引领时尚潮流，外面的人都纷纷学习这种装束。既写出了宫廷在社会时尚文化中的作用，也写出了整个社会对美趋之若鹜的时代潮流。小诗从一个侧面展现了大唐社会的繁荣兴旺。

其十三

白雪猧儿拂地行，惯眠红毯不曾惊。深宫更有何人到，只晓金阶吠晚萤。

这是一首宫怨诗，诗中无一怨字，只有一只吠晚萤的小狗，却将宫女心中的寂寞、失落表现得淋漓尽致。

唐代的宫中很流行养宠物，有狗、鹦鹉等。诗中的白雪猧儿是一种叭儿狗，形体很小，原产自西域的康国，是稀有的品种，宫中管这种狗叫作“猧儿”，在当时，是一种世界名犬。宠物的档次是一个人身份和地位的象征，杨贵妃就曾怀抱一只白色的猧儿。诗中的宫女也有这样一条猧儿，毛色雪白、没有一点杂毛，真是珍品中的珍品，拥有这样一条名犬，就暗示了她曾经非常受宠，在宫中拥有很高的地位。

当初象征身份地位的白雪猧儿在失宠时已成了她孤独的陪伴和安慰，她对小狗的生活习性了如指掌。在这一个夜晚，白雪猧儿的行为却出现了反常：“白雪猧儿拂地行，惯眠红毯不曾惊。”这两句诗要反过来读“惯眠红毯不曾惊，白雪猧儿拂地行”。白雪猧儿一直习惯在红地毯上睡觉，从来不曾受过惊。今天它真奇怪啊，身子紧紧贴着地面行进，样子仿佛很警觉。

爱犬的异常行动引起了宫女的注意，她好奇地探究其中的原因。同样的，最后两句也要反过来读：“只晓金阶吠晚萤，深宫更有何人到？”谜底揭开了，原来是宫外飞舞的萤火虫的亮光使习惯黑暗的爱犬受惊，对着空中汪汪叫起来。有人来当然狗要吠，而对着萤火虫汪汪叫的小狗显然是对夜晚的光亮已很陌生。宫中什么地方才是灯火通明的，当然是皇帝所在之地了。可怜的小狗和它的主人一样早被遗忘了。

诗中值得玩味的是“深宫更有何人到”，这是宫女对自己生存状况的自嘲与自解，是她发出的孤独和凄凉的喟叹。她心中又何尝不是盼望有人来啊。这个盼望的人当然是皇帝，也可能是别的人。在险恶的宫廷中，已被皇帝冷落的人，必然是要承担“墙倒众人推”的命运的，有谁会来看她呢？“深”字并不是指宫院深深，位置偏僻，而是自己不再受宠，心远地自偏，寝宫自然也是门前冷落、人迹罕至了。

“只晓”是理解诗的最后一句的关键。这是宫女对爱犬的怨啧之声。望着那仍在汪汪叫的小狗，这位愁怨满腹的宫女将怨气发泄到它身上，这责怪声中有多少宫女的心酸眼泪啊。

这首诗选择的角度非常精妙，耐人寻味。

春闺思

（唐）◎ 张仲素

袅袅城边柳，青青陌上桑。提笼忘采叶，昨夜梦渔阳。

张仲素（769—819），字绘之，郡望河间（今属河北），符离（今安徽宿县）人。德宗贞元十四年（798）登进士第，复登博学宏词科。曾入徐州节度使张愔幕。宪宗元和七年（812）任屯田员外郎，兼考判官，同年转礼部员外郎。历司勋员外郎、礼部郎中、翰林学士。十三年充翰林承旨学士，次年迁中书舍人。其诗与王涯、令狐楚诗合编为《元和三舍人集》。《全唐诗》存诗1卷。

风俗画画家画不出时间的延续，须选“包孕最丰富的片刻”画之，使人从一点窥见事件的前因后果。这一法门，对短小的文学样式似乎也合宜，比如某些短篇小说高手常用“不了了之”的办法，不到情事收场先行结束故事，任人寻味。而唐人五绝也常有这种手法的运用，本篇就是好例。

城边、陌上、柳丝与桑林，构成一幅春郊场景。“袅袅”写出柳条依人的意态，“青青”是柔桑逗人的颜色，这两个叠词又渲染出融和骀荡的无边春意，使读者如睹一幅村女采桑图：“蚕生春三月，春柳正含绿。女儿采春桑，歌吹当春曲。”（《采桑度》）真可谓“无字处皆具义”（王夫之）。两句还给女主人公的怀思提供了典型环境：城边千万丝杨柳，会勾起送人的往事；而青青的柔桑，会使人联想到“昼夜常怀丝（思）”的春蚕，则思妇眼中之景无非难堪之离情了。

后二句在蚕事渐忙、众女采桑的背景上现出女主人公的特写形象：她倚树凝思，一动不动，手里提着个空“笼”——这是一个极富暗示性的“道具”，“提笼忘采叶”，表露出她身在桑下而心不在焉。心儿何往？末句就此点出“渔阳”二字，意味深长。“渔阳”是唐时东北征戍之地，当是这位闺中少妇所怀之人所在的地方。原来她思念起东北从军的丈夫，伤心怨望。诗写到此已入正题，但它并未直说眼前少妇想夫之意，而是推到昨夜，说“昨夜梦渔阳”，比单写眼前之思，情意更加深厚。

“提笼忘采叶”，这诗中精彩的一笔，或许会使读者觉得似曾相识。杨慎早有见得，道是：“从《卷耳》首章翻出。”《诗经·卷耳》是写女子怀念征夫之诗，其首章云：“采采卷耳，不盈顷筐。嗟我怀人，置彼周行。”斜口小筐不难填满，卷耳也不难得，老采不满，是因心不在焉、老是“忘采叶”之故，其情景确与此诗有神似处。

不过，《卷耳》接着就写女子白日做梦，幻想丈夫上山、过冈、马疲、人病及饮酒自宽等种种情景，把怀思写得非常具体。而此诗说到“梦渔阳”，似乎开了个头，接下去该写梦见什么，梦见怎样，但作者就此带住，不了了之。提笼少女昨夜之梦境及她此刻的心情，一概留给读者，让其从人物的具体处境中回味和推断，语约而意远。这就以最简的办法，获得最大的效果。因此，《春闺思》不是《卷耳》的摹拟，它已从古人手心“翻出”了。

秋闺思二首

（唐）◎ 张仲素

碧窗斜日霭深晖，愁听寒螀泪湿衣。梦里分明见关塞，不知何路到金微。

秋天一夜静无云，断续鸿声到晓闻。欲寄征人问消息，居延城外又移军。

莎士比亚说过："爱情是一种甜蜜的痛苦。"当一对如胶似漆的夫妻分离之后，那天天的相厮相守将化为无尽的相思相忆，而如蜜糖一般的爱情，也会变为黄连一样的苦涩。张仲素这两首《秋闺思》，就十分生动而深刻地表现了这一主题。诗歌通过多方渲染和烘托，用婉转曲折的笔致，表现了一位女子对久戍不归的丈夫的深深的相思之苦，读来悱恻动人，感人至深。

通读两诗，我们可以知道，这位闺中女子与征人原是一对恩爱夫妻，他们有着深厚的感情，过着甜蜜的生活。但是那时常有外族入侵，为了保卫边境，丈夫被征去戍边，久久没有回还。这位女子对丈夫真诚的爱情，就如窖中的好酒，历时愈久而愈加浓郁。她日夜不停地思念，苦苦地期待着与丈夫的团聚。

当黄昏来临的时候，那夕阳的柔光，透过绿色的窗纱进入闺中，宛如一缕烟霭，显得十分黯淡；窗外的树上，寒蝉正在鸣叫，那叫声混和着凄凉。在这样愁惨的气氛中，女子的相思之苦愈加浓烈，忍不住流下了伤心的泪水，打湿了衣衫。渐渐地，她在凄清的愁绪和难遣的忧思中进入了梦乡。啊，也许是真诚感动了上帝，她终于来到了丈夫征戍的北方边地，那一座座雄伟的关塞清楚地出现在眼前。自己马上就要同丈夫相见了，怎能不喜出望外！然而，再仔细看时，却又不禁惘然了，那纷歧的途路怎么走？自己丈夫居住的金微山（在今蒙古人民共和国境内，这里代指诗中女子所忆远人的征戍之地）究竟在什么地方？真是不胜惋惜，在梦中她竟无法同丈夫相会了。清夜梦回，那凄凉之苦将会更加难耐，伤心的泪水又不知要滴下多少！

有时，她竟然思念得通夜不眠。她在闺中辗转反侧，透过窗户，望见清秋时节晴朗的夜空一碧如洗，银河静静地横贯天际，星星闪烁着清冷的幽光。从北国迁向南方的大雁，一对对从空中飞过，发出一阵阵悲凉的叫声，断断续续地传到枕边，更增加了凄冷的意味。听到这催人泪下的叫声，她自然想到了雁足传书的故事，但是，有哪一只大雁会给她带来丈夫的消息呢？反倒使她增添了对丈夫的种种想念：秋天来了，边地寒冷，连大雁也向南迁，而自己的丈夫却仍然滞留北国，他将如何度过酷寒的隆冬？……直到霜天破晓，她仍然忧思不断，不曾合眼。这种种悬念，使她更加放心不下。她想写信到军营去打听丈夫的消息，免得总是这样日日夜夜地忧心如焚。但是，当她问讯丈夫的住处时，又不禁愣住了：原来驻扎在居延（汉代边塞名，在今内蒙古额济纳旗东南，亦代指诗中女子所忆远人的征戍之地）城外的军队，如今已经换防，丈夫也不知哪里去了。这样，信又往哪里寄呢？新的征戍之地的情况又将如何呢？丈夫的情况既然难以打听，种种思念又将与日俱增，不眠之夜不知还要持续到何年何月。

从这两首诗中，我们可以清晰地看到一个纯朴、善良、真诚而又痴情的女子的形象。她的日思夜念，体现出对丈夫的深切思念和无限关切之情，字里行间充溢着极为深挚的爱情。更为难能可贵的是，这位女子对丈夫的征戍不归，虽然满怀着难以忍受的思念之苦，但却不是消极抱怨，而是采取一种积极关心的态度，寄予无限的爱恋之情。这对于当时为维护祖国免遭异族侵略而战的边防战士，无疑是一种慰藉和鼓舞。这当中，也体现了女主人公把一己之私情与国家之大局统一起来的高尚品德，这在今天看来，也是不无积极意义的。这正是这两首诗多年来传诵不已的重

要原因之一。

这两首诗围绕着一个“思”字，多方面地调动了各种艺术手法，把女子对丈夫的深情厚爱表达得十分突出，令人难以忘怀。这在中国古代的爱情诗中，实在是难得的佳构。第一，作者把女主人公安排在容易触动寂寥情绪的清秋时节，而且又是在特别具有忧伤情绪的黄昏和夜晚，女子的孤寂之感和相思之苦就显得更加深切了。第二，作者在诗中运用了与情绪密切相关的景物、光线、声音等要素，从各个不同的侧面来渲染女主人公的悲伤情绪。那碧窗斜日和清秋永夜的景象，不正是女主人公悲凉心境的外化么？那霭然深晖和静夜无云的夜空，也象征着女子的愁怀和凄冷。那寒蝉的鸣叫和鸿雁的嘹唳，更深化了女子难以遏止的悲伤。这些，对于表现女主人公的相思之苦，起了烘云托月的良好作用。第三，两首诗分开来独自成章，各有侧重，合而观之，则浑然一体，相互补充。第一首从黄昏落笔，直写到夜间梦断关塞，着重表现梦中之思；第二首则从夜间写起，直到天明时欲问征人消息，着重表现了白日之念。两首诗写尽了日夜思念之情，把女子的心意表达得十分深刻，也与题目紧紧相扣。第四，特别值得称道的是，两首诗都安排了一个暗示性的结尾，富有出人意外的戏剧性，使得诗意曲折婉转，意境深厚。正如潘德舆在《养一斋诗话》中所说：“诗有一字诀曰‘厚’。偶咏唐人‘梦里分明见关塞，不知何路到金微’、‘欲寄征鸿（按：原文如此）问消息，居延城外又移军’，便觉深曲有味。今人只说到梦见关塞，托征鸿问消息便了，所以为公共之言，而寡薄不成文也。”由于作者对女子的思念之情体会深微，所以能够脱去老套，透过一层，独具匠心地写出了梦中相会无路、白日欲问不能的相思之痛，把情感表达得十分深厚，收到了言有尽而意无穷的效果。

相爱愈深，分离愈苦，这是古往今来爱情生活中的普遍现象。当我们读完此诗、掩卷沉思的时候，这位相思无尽的女子的形象又一次浮现在眼前，她对爱情的专一和执著，使无数的读者感动不已。

后宫词二首

（唐）◎ 白居易

白居易(772—846)，字乐天，晚号香山居士，又号醉吟先生，下邽（今陕西渭南）人。先世本龟兹人，汉时赐姓白氏。德宗贞元十六年(800)登进士第，十九年中书判拔萃科，授秘书省校书郎。宪宗元和十年(815)一度被贬江州司马。晚年以太子宾客分司东都，武宗会昌二年(842)以刑部侍郎致仕。有《白居易集》(《白氏文集》)。

其　一

泪湿罗巾梦不成，夜深前殿按歌声。红颜未老恩先断，斜倚熏笼坐到明。

这首诗是一首宫怨词，描写了一位依然青春美貌但已失去宠幸的宫女的不幸遭遇，表现了宫女复杂的内心世界。

诗的一、二句展现了两个相对的场景。一个场景是冷宫中的宫女泪如雨下，沾湿罗巾。“梦不成”并不是说她做不成梦，无梦可做，而是在这个被泪水打湿的夜晚，伤心的她根本无法入睡。躺在床上，辗转反侧，伴随她的只有流不完的泪水。她为什么如此深夜无眠，又为什么伤心泪下？另一个场景是在这夜深人静的时候，就在这个宫女无眠的夜晚，就在她的泪水之中，在前殿皇帝的宫中，管弦齐鸣，歌声应节而起，穿过宫殿，回荡在后宫层层宫殿的上空。这歌声也传到了那位哭泣的宫女的耳中，就是这歌声刺激着她的每一根神经，让她无法安宁，止不住地伤心流泪。第二句在意思上递进了一层，解释了第一句为什么宫女会以泪洗面，深夜无眠。同时这一冷清一热闹、一悲伤一快乐的场面形成鲜明的对比，使人对宫女产生深深的同情。诗的第三句在诗意上又更进一层，解释宫女哭泣的深层原因：“红颜未老恩先断。”原来是君王对她恩情已断，她已被君王抛弃了。她也曾是皇上身边的按歌者，而现在自己的位置已被别人取而代之，这是一层悲伤所在。第二层则是此时的宫女尚是青春年少，红颜未老。她的哭泣就不仅是情感上的挫折，还带有深深的命运之忧。如果色衰爱弛是宫女能够接受的命运，那么，色未衰而爱已弛则是宫女不可知的变数了。那种不知祸端从何处起的彷徨与无助则使这深宫中的哭泣更显可怜。诗到这里完成了一个叙述。这个叙述的设计非常巧妙：开篇设置悬念，以一个深夜无眠、伤心流泪的宫女图构图，引读者迫不及待往下读，接着一层一层地深入揭示宫女伤心哭泣的原因，以他人的歌舞欢笑反衬宫女的枯寂哀怨，色未衰而爱已弛，使读者了解了宫女的命运，对她产生深深的同情。

了解了宫女的不幸、理解了她的哭泣之后还有一个问题，读者还在关心这个宫女以后的命运，全诗却在“斜倚熏笼坐到明”中戛然而止了。这一句是承着第一句来的，泪干了，心死了，力气也用尽了，这个被弃宫女承受了这样的打击之后心力憔悴，她也无法继续入睡了，于是站起来靠坐在熏笼边。“斜倚”二字恰切地表现了宫女此时身心疲惫的情态。一夜枯坐，既表现了宫女受到的创伤之深，也暗示了帝王彻夜狂欢，“只见新人笑，哪闻旧人哭”的薄幸寡恩。诗的最后也没有解开宫女以后的命运这个谜底，恰是这样，给人以无限想象。

其 二

雨露由来一点恩，争能遍布及千门？三千宫女胭脂面，几个春来无泪痕！

通常人们将此首诗归为宫怨诗，但是与其他的宫怨诗不同，不是写一人一事，而是写整个后宫女子的不幸命运的，反映的是一个社会问题。

对宫怨诗的解读，通常有两个视角：一是描写宫女的不幸命运，揭示封建帝王的薄幸寡情；一是文人借宫女(怨妇)之口以自况，抒发自己怀才不遇的痛苦遭遇。这两种视角对于宫怨诗的解读往往都是同时有效的。但是这种方法对于解读这首诗似乎不是很恰切。原因有如下几点：一是唐代宫女问题是一个很大的社会问题。后宫人数众多，数以万计。“开元天宝中，宫妃大率至四万”。唐朝人口也不过几千万，皇帝就占了四万妇女，这将导致民间多少人不得婚配。除了显示皇家的排场外，这些宫妃甚至没有面君的机会。二是唐代政治开明，大臣可直刺宫女问题。如元和间，李绛《请放宫女疏》直接要求皇帝裁减宫女。白居易在《请拣放后宫内人》中，谈到“上则虚给衣食，有供亿靡费之烦；下则离隔亲族，有幽闭怨旷之苦”。供养这么多宫女，开销太大了，而且宫女幽闭怨旷，请求宪宗尽量拣放，并将这一问题上升到国家政治经济的高度。他写了很多关心宫女命运的诗篇，这些直刺时弊的诗歌，显然不是文人自况的诗作了。第三，从白居易自己的创作动机来看，亦可属于讽喻诗。他曾将自己的诗编为四类：一讽谕，二闲适，三感伤，四杂律。此诗应是列入讽喻诗之列的。

了解这样一个背景，就可知这首诗仍然是在直刺皇帝，仍然是在讨论宫女问题。开篇就是反问。皇帝的雨露之恩就是那么一点点，面对几千宫妃，怎么可能遍施恩泽呢？诗人指出一个现实，从来能够得到皇帝临幸的妃子只有少数，言外之意是说皇帝您根本用不着这么宠大的后宫。白氏一惯的反问句，表达了诗人强烈的愤慨之情。诗人一向对于弱者、对于受迫害者寄予深深的同情，在《卖炭翁》、《红线毯》等诗歌中，我们都看到这样愤怒的呐喊，而且矛头直对着最高统治者。他这种敢为生民请命的精神，千年而下，依然烛照着我们。

对人君，他大胆直言；对那些可怜的宫女，他寄予深切的同情。在批评了皇帝之后，他又请皇帝看这些宫女们的生存状况。这些青春美丽的女子们怎么样呢？又是一个反问句："几个春来无泪痕？"语气非常强烈。你看看啊，她们个个脸上挂着眼泪。进入皇宫，她们得到的不是幸福，而是幽闭怨旷，就是在百花争艳、春光明媚的大好时光里，也拭不干自己的泪痕。本来这些女子也处于人生的春天，可是她们却得不到爱情的浇灌。

全诗直书其事，倾怀而诉，对封建帝王进行了无情的鞭挞，对后宫女子寄予了深切的同情。

行　宫

（唐）◎元　稹

寥落古行宫，宫花寂寞红。白头宫女在，闲坐说玄宗。

元稹（779—831），字微之，洛阳（今属河南）人，北魏鲜卑族拓跋部后裔。八岁丧父，依倚舅族。德宗贞元九年（793）明经擢第，十五年（799）初仕河中府。与白居易同年登书判拔萃科，授秘书省校书郎。宪宗元和元年（806），与白居易同登才识兼茂明于体用科，列名第一。穆宗长庆二年（822）以工部侍郎同平章事。有《元氏长庆集》。

此诗见《元氏长庆集》，宋人皆以为元稹作，《唐诗品汇》作王建诗，一作元稹，当以元作为是。诗作于元和四年（809）东都洛阳，时为监察御史。诗写昔日行宫景象之寂寞，及白发宫人之无聊，极短小，然可与《连昌宫词》及白居易《上阳白发人》参读。

红色绚丽的宫花，既与行宫整体的萧条形成对比或反衬（即“上皇偏爱临砌花，依然御榻临阶斜。蛇出燕巢盘斗拱，菌生香案正当衙”）——即热烈与冷落相对照，又与白头宫女（从外貌到内心）形成对照——红与白，浓艳与惨淡的对照，以气氛助抒情。

“白头宫女”二句淡淡白描，似不经意，然宫女数十年之辛酸与不幸，国家数十年之盛衰兴废，无不含蕴句下。沈德潜云：“说玄宗，不说玄宗长短。”洪迈云：“语少意足，有无穷之味。”潘德舆云：“《长恨歌》一百二十句，读者不觉其长；微之《行宫》才四句，读者不觉其短，足赅《连昌宫词》六百余字，文章之妙也。”

宫词(百首录十五)

(唐)◎王　建

王建(766?—832?),字仲初,颍州(今河南许昌)人。出身寒微,未中进士。早年从军幽州。元和年间官昭应县丞、渭南尉,长庆初由太常寺丞转秘书丞。后官陕州司马。晚年退居咸阳原上。又曾出任光州刺史。与张籍均长乐府诗,时称"张王乐府"。有《王建诗集》。

其　七

延英引对碧衣郎,红砚宣毫各别床。天子下帘亲考试,宫人手里过茶汤。

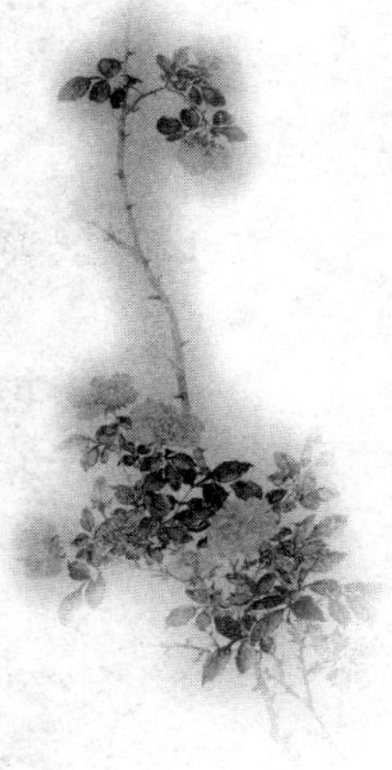

这首诗描写了唐代科举考试殿试时的情景,形象地再现了当时的情景,特别是诸多的场景细节,具有史料价值。

诗中的"延英"是指延英殿,就是此次考试的地点。延英殿是大明宫内宫的宫殿之一,是一所议事的别殿。中唐以后,这所宫殿在政治方面有着重要的地位。散朝之后,皇帝如果认为有事情需要商量时,会让大臣到延英殿议事,如果有紧急的事件发生,宰相也可以要求皇帝驾临延英殿议事。"延英引对"是一个典故:唐肃宗时,宰相苗晋卿年老,行动不便,天子特地在延英殿召对他,以示关心和爱护。诗中的"延英引对"应是借这个典故指科举考试。"碧衣郎"是指参加殿试的士子们。这一句赞美皇帝礼遇人才,对这次选拔考试很重视。

殿试所用的文房四宝是什么呢?诗中描写了所用的砚和笔。"红砚"指的是红丝砚,产于今山东省内。红丝砚内蕴天然的纹理和色彩,华丽和谐,十分悦人眼目,且质地优良,西晋张华的《博物志》、唐柳公权的《谕砚》、宋欧阳修的《砚谱》、苏昂简的《文房四谱》都将它列为天下名砚之首。"宣毫"产于安徽宣州,又称徽毫、宣笔等,至今仍是名笔。白居易在咏赞宣笔的诗中写道:"每岁宣城进笔时,紫毫之价如金贵。"殿试所用的文房四宝都是稀世珍宝,不同民间之物,这也是殿试规格高的表现。

最后两句是皇帝向试子亲赐茶水,既显龙恩浩荡,又饮茶以助诗兴。茶是中国的"国饮",考试时赐茶,何其雅也。唐代在中国茶史上具有里程碑式的意义,不仅饮茶普及全国,而且有了自己的茶书——陆羽的《茶经》,还有了自己的茶艺。唐代茶艺是从宫中传出的。据史料记载,唐代皇宫中每每以茶汤侍奉,宫女们也必懂煎茶技艺。唐代茶艺的特点之一是有了自己专门的器具。茶煎好了之后,舀茶汤分成三至五碗,分给诸人。王建诗中展现的正是宫女们向试子们分发茶汤的情景。

名砚佳笔,美女热茶,比起前面的考试来,跨进延英殿的试子们在金榜题名前就已感受到长安城的富贵与时尚,而这一切,都即将向他们走来。

其二十二

射生宫女宿红妆，把得新弓各自张。临上马时齐赐酒，男儿跪拜谢君王。

《宫词》百首作于元和末年，时王建为太府丞或太常丞。组诗内容广泛，为写实之作。王建与内官王守澄同宗，内情或得之于守澄。因材料真实，故经描写刻画，更觉细致生动。

诗写宫女出猎前的情况。射生宫女昨个儿还是红妆，言下意味今儿则换了武装（或释首句为在射生前夕宫女们就打扮得漂亮整齐，恐未妥）。你看，她们领到发下的新弓，忍不住拉一拉，试试它的硬度。在翻身上马之前，接受皇上赏酒，当然拜谢，与往常不同的是，她们的行礼不是万福，而是跪拜，即像男儿上战场之前那样。

这幅画面可谓十分生动。而透过这幅画面，还可以体会到更多的意蕴。好好的女儿家一旦入宫，到了“那见不得人的去处”（贾元春），也就丧失了人生自由。在这种情况下，能被选中跟随皇帝出去打一次猎，即便是非常的匆忙而短促，那也是值得高兴的。能够像男儿那样装束和跪拜，也使她们感到新鲜和兴奋，在潜意识中她们多么懊丧自己当初未变男身。通过她们打猎前的表现和内心活动，反映了宫女们对自由的向往，可谓发王昌龄《宫词》所未发。

其二十六

灯前飞入玉阶虫，未卧常闻半夜钟。看著中元斋日到，自盘金线绣真容。

这是一首宫怨诗。通过宫女为自己绣祭祀用的绣像，表现了宫女生活的悲惨，读来让人同情。

诗的前两句描绘了一幅孤灯前未眠的宫女形象。诗人描写了灯前的一个小细节，就是灯前飞舞的小虫子。“玉阶虫”的提法比较别致。“玉阶”点明了地点是宫廷中，“玉阶虫”则是指宫女住的屋外的小虫。夜深人静了，外面一片漆黑，只有宫女的屋内透出灯光，小虫子从屋外飞入屋内，萦绕在灯前。“常闻”，经常听到。夜深人静，宫女没有入睡，她听到寺院中敲响了夜半钟声。这钟声在空旷的夜里响起，更衬托出周围的安静。夜半钟声以其空旷、辽远在中国古代诗歌或渲染清冷的环境，或成为愁怨的代名词。

“看著中元斋日到，自盘金线绣真容”，诗的后两句读来令人心惊。深夜不寐，她在干什么呢？原来她看着中元节就要到了，心中涌起无限忧愁。中元节就是中国的鬼节，时间是农历七月十五日，俗称七月半。传说这一日地府放出全部鬼魂，民间普遍进行祭祀祖先鬼魂的活动。这两句是宫女的自白。她抓紧时间，夜以继日，赶制自己的绣像。死去宫女的命运是非常可悲的。王建有一首《宫人斜》诗：“未央墙西青草路，宫人斜里红妆墓。一边载出一边来，更衣不减寻常数。”宫女们死去后，又有新的宫女选进来，而这些死去的宫女，被拖出去掩埋在墙边，层层叠叠，甚至连墓碑都没有，很快就被人遗忘了。另一位唐诗人孟迟写道：“云惨烟愁苑路斜，路傍丘冢尽宫娃。茂陵不是同归处，空寄香魂著野花。”她们只是帝王家的奴仆，死后不可能进入皇家陵园，只能成为荒郊野外的孤魂野鬼。

“自盘金线绣真容”写得非常凄惨，令人触目惊心。一是为活着的人制作遗像。这在常人看来带有诅咒之意的行为（为老人做的寿衣、棺材等除外），在宫女做来是那么认真、执著。历来宫女的生活都是朝不保夕，不知哪一天是死期。人还活着，她已在为自己的后事做准备了，其心境的凄凉就在这一针一线之中。二是宫女隐忍的态度令人同情。生前她们不能享受人伦之乐，死后也无人祭奠。一个宫女死去后，就会如尘埃一样消失，很快就不会有人提起。她知道自己的命运，接受自己的命运，因而默默地为自己绣了一幅像，希望有人记起有这样一个人曾经来过。

翁方纲称赞王建的诗“别有顿挫”，就在于他的描写冷静、不置声色，没有浓墨重彩的渲染，只是通过一两个极有深意的细节，揭露了吃人的宫廷制度对宫女的压迫，表达了对宫女可悲可泣的命运的深深同情。

其三十六

每夜停灯熨御衣，银熏笼底火霏霏。遥听帐里君王觉，上直钟声始得归。

王建因得到宦官王守澄提供的材料，其宫词内容广阔，范围触及到其他诗人无法到达的领域。他的笔下不仅同样有歌舞场上宫妃们的表演，而且更写到了宫中劳作的女子的生活。这首宫词所描写的就是宫女夜值的事情。

“每夜停灯熨御衣”，“每夜”就是每一天夜里，一年三百六十天都不能有一天中断。“停灯”就是灭灯，指的是皇上休息的时候。每天晚上皇上就寝后，宫女们就开始忙忙碌碌为他熨衣服了。这句平白如话的句子写出了宫女劳作的辛苦。众所周知，皇帝的夜生活丰富多彩，要么批阅奏章，要么歌舞宴乐，休息的时间都很晚，被派做此事的宫女真是摊了一件苦差事。

“银熏笼底火霏霏”，“熏笼”，一般都是用竹片编成，形状大致为敞口的竹笼，皇室则是用涂了银的，虽然其用途还是覆扣在熏炉上，熏香衣服和被褥。熏笼的作用有二：一是烘干衣物，二是将衣服在熏笼上摊开，均匀地接受香气的熏濡。皇帝的衣服，或者说整个皇室成员的衣服，都要经过这一道程序才可以上身穿。考古发现有助于我们对唐代宫廷生活的认识：著名的法门寺地宫出土的一只唐代涂金熏炉，配有一只五足的圆盘。此圆盘就是“香盘”，可以起到既盛热水防止失火，又承载香炉的作用。可以想象唐代皇帝熏衣的风貌大致是这样的：在特制的香盘中倒上热水，再把一只香炉立在其中，炉中焚香，然后扣上熏笼，将衣服摊展其上，慢慢熏烘。熏衣服讲究的是香料考究，火候到位。皇帝所用当然是极品香料，而火候把握则是靠宫女们的经验了。诗句中的“火霏霏”写出了熏衣用的文火星星点点、明明灭灭的样子，正是恰到好处的火候。

“遥听帐里君王觉，上直钟声始得归”，宫女在紧张细致地为皇帝准备衣服的时候，远远地听见君王在帐里睡觉的鼾声。此时已是夜深人静，正是人最渴睡的时候，用君王的熟睡对比宫女的无眠，更衬托出宫女的劳苦。她要等到上值的钟声响起才能回去。后蜀的花蕊夫人也写到了宫中熏衣女子的辛苦，可以作为补充：“蕙炷香

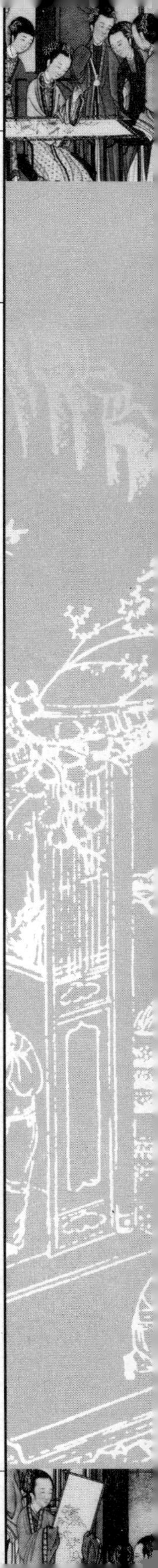

销烛影残，御衣熏尽辄更阑。归来困顿眠红帐，一枕西风梦里寒。”宫女对着清灯冷烛为皇帝熏衣，忙碌到天亮才干完活回到自己的住处，累得倒头就睡。

从王建诗看，宫女是在皇帝的寝宫中为他熏衣，花蕊夫人的另一首诗中则表明了宫女是在别殿做这些事情：“宫女熏香进御衣，殿门开锁请金匙。朝阳初上黄金屋，禁夜春深昼漏迟。”宫女把御衣熏好了给皇帝送过去，此时宫殿门都还层层锁着，她只好向管钥匙的宫人请示。此时太阳已初升，把房顶照得明晃晃的，为什么大家还不起床呢?原来是昨晚一夜欢娱，今天就推迟起床时间了。皇帝晚上玩得越晚，宫女就越发的辛苦。花蕊夫人生在深宫当中，她所描写的自然是亲历之事，可见在后蜀小朝廷中，宫女是不在皇帝的寝宫中做这些事的。那么王建诗中描写的是历史的真实还是他的想象呢? 还有待别的史料来为我们证实唐朝宫廷中的这一小小细节。

其三十七

因吃樱桃病放归，三年著破旧罗衣。内中人识从来去，结得金花上贵妃。

宫怨诗已将宫廷写成了一个罪恶的源泉，把其中的宫女写成了不堪忍受的一群，似乎宫中的美人个个都在水深火热之中。王建宫词难能可贵的一点就是他不回避宫中的矛盾，他同样展现宫女们的愁怨，但是他也能真实地反映一些不同的内容，一些不同的情感。比如这首诗。

这首诗写的是一个放归回家的宫女向过去的女主人联系的事。放宫女回家是朝臣们向皇上提意见很多的事情。可是这些放回家去的宫女的生活和命运是怎样的，是不是就比宫中好，这些大臣们就没有关心过了。也有一些诗人关注到这一群体的命运，她们出宫后的命运并不比在宫中好，甚至更糟糕和悲惨，特别是一些贫家女子。众所周知，唐代设花鸟使，专门在民间物色美貌女子，一些贫家女由此入得宫中。在宫中她们至少衣食无忧，而出宫后生活就艰难了，甚至连家都没有了。比如张籍的《旧宫人》中描写了一名宫伎年老色衰时被遣回家，可此时她已“无处问乡程”，只好沦为乞丐，“愁逐路人行”。王建《温泉宫行》：“梨园弟子偷曲谱，头白人间教歌舞。”这些宫人老无所养，头发白了被遣出宫，流落人间后，靠教人歌舞为生。在唐诗中这类诗数量有限，比起宠大的宫怨诗，显得微不足道。这大概是因为宫怨诗多为文人自况之词，而非真正的针贬时弊，关心宫女的命运。

根据史书记载，放宫女出宫的原因或为顺应天时，平息灾异；或为新君继位，放旧迎新；或为宫女年老多病，不堪驱使等等。诗中的宫女是因吃樱桃食物中毒而被遣回家。她的家境是贫寒的，一出宫马上就面临衣食问题，生活立刻就变得困窘起来。没有衣穿，几年下来，将宫中带出的罗裙都穿破了。她出宫后的生活环境，她周围人的生活状况都可看出是衣不蔽体，食不裹腹。宫女苦，民间的百姓更是生活艰难。

后两句写她托人向曾经服侍过的贵妃娘娘捎个信。“内中人”是宫里的人，有认识她的，知道她的事情。“金花”是指金花纸，她将自己的经历写下来，找到过去的老熟人，托他捎给贵妃娘娘。诗意写得很含蓄，并未写宫女想回到宫中去，而是通过传递书信这一细节，勾起娘娘的主仆之情，婉曲地表达了宫女的心意。

写出宫的宫女想办法再回到宫中去，这样的诗是不多见的。但这正是真实的社会现实，苛政猛于虎，即使皇宫真是火坑，她们也心甘情愿地进入，而百姓的生活如何，则自不待言了。王世贞曾赞美王建的诗“善征事”即他的诗不像白居易那样直刺，而是在客观地叙述，更耐人寻味。

其三十八

欲迎天子看花去，下得金阶却悔行。恐见失恩人旧院，回来忆著五弦声。

宫中的妃嫔们时时都在忧愁中度日，如果细分宫怨诗，有未得宠而争宠的，有得宠而求固宠的，有失宠后悲伤的，李商隐说“得宠忧移失宠愁”，非常恰切地概括了宫妃们的真实心态。这首诗就是写一个“得宠忧移”的宫妃的。

全篇皆是她的内心独白，诗人将她内心变化的过程描写的栩栩如生，如在眼前。首句写她为了奉承皇帝，左思右想，反复琢磨，终于决定奏请皇帝去看花。第二句就是她心理的变化：“下得金阶却悔行。”已经奏请完皇上，显然已经得到皇上的恩准了，应该说是志得意满，可以向人炫耀自己的荣宠的时候，可是刚刚下完台阶，这位宫妃却后悔自己的这一行为了。这一变化显出宫妃的思量之深、心思之重，也使诗意更婉曲，她为什么后悔了？

“恐见失恩人旧院，回来忆著五弦声”，“恐”是宫妃的内心活动，她担心。担心什么呢？原来去赏花要路过一位失宠宫妃居住的院落，而她的琴弹得特别好，失宠过后，更是常常鸣琴以遣怀。她担心皇上故地重游，睹物思人，再听到琴声，勾起无限的情谊，从而萌发旧情。本想讨好皇上，加深与皇上的感情，却不想为失宠的宫妃营造了再次得宠的机会，自己岂不要被皇上冷落了？想到这些，她真是越想越怕，怎么能不后悔？

这首诗的诗意是简单明了的，但是它所揭示的宫女的心理问题却是深刻的。宫妃的心理是变态的，在那个特定的环境下，她们的心灵被扭曲了，争宠变成了心计的较量、得失的计较。对同是被压迫的姐妹已没有同情，只有憎恨和争夺，倾轧和残害。在很多诗歌中，得宠的宫妃是作为压迫者出现的，其形象往往是令人厌恶的。白居易在《上阳白发人》中写道一位“脸似芙蓉胸似玉”的美丽宫女的遭遇：“未容君王得见面，已被杨妃遥侧目。”妒忌令杨妃将这个女子暗中发配到上阳宫，一辈子连皇上也没见到过。其中杨妃的形象是狰狞的、邪恶的。从另一个角度讲，这个令“六宫粉黛无颜色”的杨妃，在一个美少女的面前也显得不再自信，变成了一个妒妇，一个心狠手辣的悲剧制造者，她的心理同样是脆弱的。

宠妃是竞争中的胜利者，因其高高在上，恃宠而骄，人们很难深入到她们的心里，去揭示她们心中最柔软最伤痛的地方。这首诗则正面触及了宠妃的心理，并揭示了这种心理的根源也是怕皇帝冷落了自己，读来同样让人同情。王建《宫词》第三十九写道：“往来旧院不堪修，教近宣徽别起楼。闻有美人新进入，六宫未见一时愁。”又有美人入宫，大家还没见面就已经忧心忡忡了。宫妃们住的旧院皇上也懒得给她们修一修，却为新宠的美人新建宫殿，这种待遇的差别怎么能让人心理平衡?可见这种变态心理也是宫中的一种普遍现象。

这首宫词在宫怨诗中是别出心裁的，不仅在于他揭示了宠妃的心理，而且在于诗人直面现实的创作态度，客观真实地表现宫女生活的现状，这就是王建《宫词》一出就能传遍天下的原因吧。

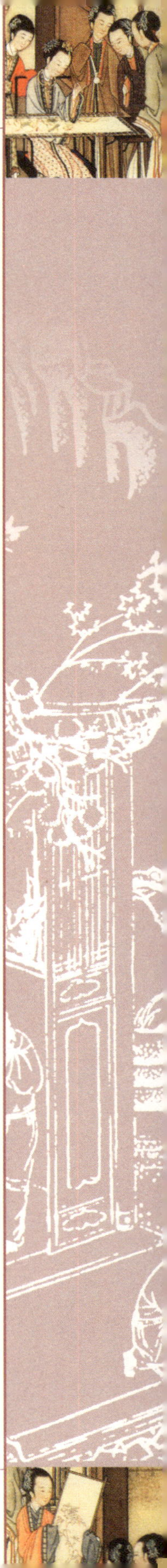

其四十

自夸歌舞胜诸人，恨未承恩出内频。连夜宫中修别院，地衣帘额一时新。

这是一首宫怨诗，它描写了一位很有才华的宫女得不到宠幸的焦虑复杂心理。

“自夸歌舞胜诸人，恨未承恩出内频”，开篇直抒胸臆，写出心头之恨。在她所受的教育里，只要才艺高超，一定能得到君王的赏识。事实上也是如此。花蕊夫人的《宫词》中描写了一个年方十五刚被选入宫的女子“按罢霓裳归院里，画楼云阁总重修”，跳完霓裳羽衣舞，就得到君王的赏识，回到院里，居所就被重新整修了。诗中的宫女也为这样的理想所激励。她先把自己与别的宫女作比，无论是唱歌还是跳舞，她都胜过了别人。这使她对自己获得君王的宠信有了信心，以为可以凭借自己的曼妙身姿、动人歌喉引起君王的重视。可是尽管她频繁地在皇宫中出入，时时面君，却从来没有得宠。“恨”字流露出她的懊恼。对一个宫女来讲，所有的努力就是获得君王的宠幸，而已经做到最好之后还是不能实现理想，这种打击使她心中郁闷不已。

诗的后两句换了一个角度来写宫女之“恨”。以别人的得宠来反衬她的不得宠，使她的愁怨更深，苦闷更重：“连夜宫中修别院，地衣帘额一时新。”这是一幅什么场景呢？“连夜”形容时间紧迫，急急忙忙地装修别的院子，又是铺上新的地毯又是换上新的门帘，显然住在那里的宫女要得幸了。看到这一切，这位宫女的心情会是怎么样的呢?这位平日里引人注目的美女怎么不是别有一番滋味在心头?诗人却不再继续写她的内心变化，全诗到这里戛然而止，留下想象的空间。《宫词》五十六也是写宫女不得宠的愁怨：“未承恩泽一家愁，乍到宫中忆外头。求守管弦声款逐，侧商调里唱伊州。”这位刚刚进宫的宫女也是为承宠而进宫的，她未得宠不仅自己愁怨，一家人也都很烦恼。可是她还有排遣苦闷的方法，唱起忧怨的曲调，在音乐中缓解自己的苦恼。

两首诗比起来同样是写愁怨，但写法各不相同，此诗更胜一筹。它通过对比、反衬来表现宫女的不得宠。以宫女所见的事实来写其愁怨，显示了王建高超的叙事技巧。另外，这首宫词揭示了宫女承恩不在貌的现实，比单纯地写宫女的愁思怨恨意旨深远。其中也含有以宫女自况的意蕴，其思想内涵也大大拓宽了。

其四十四

御厨不食索时新，每见花开即苦春。白日卧多娇似病，隔帘教唤女医人。

这首宫词的诗意一直以来也为人们所争论。《优古堂诗话》、《苕溪渔隐丛话》等都将它与花蕊夫人的一首《宫词》相比：“厨船进食簇时新，侍宴无非列近臣。日午殿头宣索鲙，隔花催唤打鱼人。”二诗固然都写了宫廷的饮食，但是其诗意则是大相径庭的。

花蕊宫词用词更工，但诗意是浅显易懂的。她记述了蜀宫中的宴饮情况。皇帝与他身边的近臣在一起宴饮，这孟昶皇帝喜欢吃鱼，突然想吃鱼了，他就立刻传旨，宫人隔着花催渔家马上打鱼。

王建的这首宫词历来都被人们认为是写后妃的娇态。如果细读此诗，则会发现此诗写的不是宫妃的娇态而是反常的情态，宫妃心中别有忧愁。这个宫妃是不是得病了呢？诗中已明白的说了“每见花开即苦春”，她是犯了春困，“苦春”是“春困”、“春倦”之意。这本不是病，而是因为春天天气转暖，人的身体还没有从严冬的状态中调整过来，就容易犯困，可是她的行为却变得有些古怪了。首先是吃的食物有变化：御厨房供应的食物她拒绝吃了，而索要时新的东西。春天的时新不外就是樱桃、李子、杏子等水果。这些东西都是酸溜溜的，是怀孕妇女爱吃的食物。其次是喜欢卧床睡觉。这一句写得很形象：“白日卧多娇似病。”白天她长时间的卧在床上，娇滴滴的，“似病”二字写她缠绵的神态，非常逼真。春困的一个重要特点就是喜欢睡觉，而刚刚怀孕的妇女也是常觉得身体疲倦，睡意十足。她犯春困时的表现与妇女怀孕时的表现一样。她睡在床上，隔着门帘唤宫女去请女医生。这位宫妃唤女医生的目的就很明显了，她敏感地认为自己怀孕了。

由此可见，此诗并不是以描写宫妃的娇态为目的，它揭示了宫妃得幸后求子的心理。她的求子之心是多么迫切，年年春天犯春困，她都以为是自己怀孕了，又是要吃时鲜，又是整日卧床。显然这已成为宫中的笑谈，被王守澄讲出来，王建不露声色地将它记录了下来。

全诗用白描手法，不着一点主观感情，全用客观的叙述，将宫妃迫切求子的心理刻画得入木三分。

其四十六

御池水色春来好，处处分流白玉渠。密奏君王知入月，唤人相伴洗裙裾。

王建宫词的一大特点就是揭密宫廷生活，这也只是在大唐那开放的社会风气下才能有这样的诗存在。明著名诗人高启被朱元璋斩首，就是因他模仿王建做了一首宫词。一个作宫词得名满天下，一个用宫词而首身异处，时代不同使然啊。

这首宫词写的是宫妃因生理原因不能侍奉君王。她怎么让君王避开这个尴尬呢？这个话题完全是宫廷隐私，但是古代人和现代人一样，对于宫廷生活充满了好奇，当然对皇帝怎样临幸他的妃子们也是非常感兴趣的，虽然显得庸俗，但是却是人性所在。王建从宦官王守澄那里听来一点小道消息，将它们写进诗里，颇有炫耀之意。他在另一首宫词里面写了君王怎样决定由谁侍寝："丛丛洗手绕金盆，旋拭红巾入殿门。众里遥抛新橘子，在前收得便承恩。"皇上的老婆多得他也不知应该宠幸谁了，就用抛橘子的方法来随意决定。此诗首句写景，春天来了，春水渐涨，御沟中的水也涨起来了。白玉渠是宫中的御沟，水流过处，清澈无比。后两句写宫妃悄悄奏明皇上不能侍奉，因为来例假弄脏了裙子，相邀女伴一起到水边洗裙子。

"密奏君王知入月，唤人相伴洗裙裾"这两句历来受到争议。胡震亨在《唐音癸签》卷十九认为这首诗有两处与事实不符：一个是"天家何至自洗裙裾"，另一个是

“密奏云云，更不谙丹的故事矣”。按照后妃制度，确实是不合事实。胡氏所说的“丹的故事”是指宫中女性在月经期间“以丹注面目”，宫中女史见了，就不安排该宫妃进侍了。《史记》中记载：“程姬有所避，不愿进。”注释这样说：“天子诸侯群妾，以次进御，有月事止不御，更不口说，以丹注面目，的的为识，令女史见之。”按照规定皇帝临幸后妃是要按照宫妃的等级排序，依次进行，可是哪个皇帝是按照这个制度来执行的呢？宫妃进侍按照制度是由女史决定，可是宫中的宠妃会不会不按这个制度来进行呢？胡氏所说的“以丹注面目”的方法是《史记》中记载的，一般读书人都可以看到这本书，难道王建就不知道吗？所以对这两句不能简单地一棍子打死，认为他写错了。

王建恰恰写出了一个宠妃的形象。“密奏君王知入月”，她悄悄地告诉君王自己的秘密，神情娇羞，平添妩媚。宫中宠妃日日与君王相伴，说个私房话更显二人关系的亲密，就像寻常夫妻一样，告诉丈夫自己的例假来了，也是自然而然的一件事，何必还要报告女史，再由女史告诉皇上。写这个宫妃越礼告诉皇上，就显出了她与众不同的身份。的确，宫中的妃嫔是不会自己洗衣服的，而此时在皇上面前，只是做做样子，实际上是在撒娇啊：我不能陪伴君王您了，我要去洗弄脏的裙子了。而那满池春水看涨，正是赏景的大好时光。她越是任情而为，越是显出她所受的宠遇之深。七绝小诗，别具风味。

其四十八

新晴草色绿温暾，山雪初消渐出浑。今日踏青归校晚，传声留著望春门。

本诗描绘皇宫成员春日踏青的节日风光，侧面地再现了当时社会的繁盛场面。

踏青，又叫春游、探春等。清明时节风和日暖，百花盛开，芳草芊绵，人们习惯到郊野去扫墓、踏青。我国的踏青习俗由来已久，传说远在先秦时已形成，也有说始于魏晋。据《晋书》记载：每年春天，人们都要结伴到郊外游春赏景，至唐宋尤盛。白居易的《春游》中形象地再现了人们踏青的心理："逢春不游乐，但恐是痴人。"踏青的时间从大地微露绿意开始，一直到夏天来临，人们不胜其热才止。"岁岁春草生，踏青二三月"（孟浩然《大堤行》），这是人们出去感受第一缕不寒春风。"胜日寻芳泗水滨，无边光景一时新"（朱熹《春日》），这是人们感受春阳暖照、鸟语花香的盛景。唐代诗人杜甫也曾描写过皇家游春踏青的盛景："三月三日天气新，长安水边多丽人。"本诗的第一、二句写出了踏青的时间和风物。天气初晴，新草刚刚发出来，"温暾"本是形容不热也不凉的水，这里来形容草才刚刚开始绿，表明时间是早春，大地才刚刚转暖，"草色遥看近却无"，还不是草长莺飞、群花烂漫的暮春时节。此时，山上的积雪刚刚开始消融，河里的水也刚刚开始上涨。一切都才刚刚露出春天的气息，而好游玩的人们已经蠢蠢欲动，准备去郊外踏青了。

这是一首七绝，不可能像排律诗和词一样，可以充分展开对踏青场面的描写。诗人巧妙地避开了去描摹这一狂欢场面，而是只写了一句话：今天要晚点回去了，传话下去留着望春门。一个"晚"字，表明了宫妃们玩得开心，至晚仍不尽兴，以至推迟回宫的时间。只说玩的不想回去，却不正面写怎么玩，就给人留下无限的想象空间。柳永的《减字花木兰慢》生动地描写了富贵人家的踏青场面，正好为人们弥补这一遗憾。柳词这样写道："倾城，尽寻胜去，骤雕鞍绀幰出郊坰，风暖繁弦脆管，万家竞奏新声。盈盈，斗草踏青。"宝马香车，倾城而出，在和煦的春风中，管弦声声，听歌赏曲，在郊野中荡秋千、放风筝、拔河、斗鸡、戴柳、斗草、打球等，无人不笑脸盈盈。柳词还描写到赏春时人们饮酒的情景："欢情，对佳丽地，信金罍罄竭玉山倾。拚却明朝永日，画堂一枕春酲。"人们尽情欢乐，举起酒杯来，对着无限美景开怀畅饮，饮尽樽里的美酒，陶然大醉，有如玉山之倾倒，就是明朝醉卧画堂，今天也要不醉不归。这种狂欢，这种自由，正是窝居、压抑了一个冬天的人们所需要的。

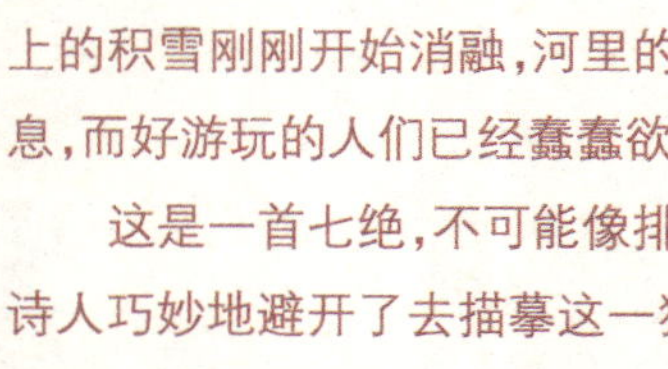

这首诗的精妙之处就在于寓无限于有限之中，给人无限的想象空间。

其五十四

私缝黄帔舍钗梳，欲得金仙观里居。近被君王知识字，收来案上检文书。

深宫一入无由出，除非是年老色衰或是身体有了疾病被遣出宫。和这些命运相比，入道是宫女为自己谋得的一条出路，也是一条生路。这首宫怨诗描写了一位心萌入道之意的宫女的故事。值得注意的是，这是一件真实的故事，记录了元和十年十二月放送宫人入道时发生的事情。

她暗地里悄悄缝好了黄色的道姑衣服。“黄帔”即道姑头上戴的霞帔。她将自己平常所用的钗和梳这些装饰品都收起来，打定主意到金仙观里修行去了。唐崇尚道教，整个社会思潮如此，甚至公主都入道不嫁人，如睿宗有三个女儿都是年纪轻轻之时就入道修行，终身不嫁。宫女入道也是唐代宫廷的一大风景。《旧唐书·文宗纪》记载：“开成三年六月，出宫人四百八十人，送两街寺观安置。”一次就送近五百人入道，可见规模之大。诗人张籍、戴叔伦、王建、项斯、于鹄都有诗写宫女入道之事。宫女入道，有的是被逼迫入道为帝王求“冥福”，有的则是自请入道。相对于宫中的不自由和悲惨的结局，入道是宫女获得自由和解脱，求得老有所归的一条路径。唐代的道姑交际也比宫中广泛，有机会接触到别的男性，有的还产生了恋情，李商隐就在其诗中隐晦地描写了与一位出宫的女道士的恋情。“白昼无情趋玉陛，清宵有梦步瑶池。绿鬟女伴含愁别，释尽当年妒宠私。”一旦有女伴入道，她们就不再争风吃醋，回归到一种平和的状态。张萧远的《送宫人入道》更直接点明了宫女的心理：“舍宠求仙畏色衰，辞天素面立阶墀。”就是宠妃也愿意出宫为道，可见宫中的压抑与痛苦。王建诗中那私缝道姑衣服的宫女，也许也是历尽了宫中的千万苦难，求宠不得，心灰意冷，别求出路。

然而就在诗中的女子万念俱灰、即将遁入空门之际，命运却再次同她开了一个玩笑。君王发现她知书达理，颇有情趣，不放她出宫为道，而让她做了女官，在宫中掌管文书。掌管文书的宫女被称为“内尚书”，为五品官。担任此种职务后，比一般的宫女地位要高，时常侍奉在皇帝身边。如果得宠可以成为嫔妃，有了别的人替代职务后，还可以出宫成婚。上官婉儿就是唐著名的宫廷女官。

从想入道到被命为女官，一夜之间得到提升，命运如此无常，喜耶，悲耶？

其七十一

日高殿里有香烟，万岁声长动九天。妃子院中初降诞，内人争乞洗儿钱。

这首诗描写了宫妃产子后内人争相祝贺的情景，为我们展现了唐代宫廷的风俗人情。据专家考证，这首诗写的是真实的历史事件，它描绘了敬宗皇帝初次得皇子的情景。

诗中最引人注目的就是唐代“洗儿”的礼俗。现在通常认为，“洗儿”是由唐玄宗李隆基在宫中首倡，然后普及到民间，成为中华民族传统的风俗习惯。皇子降生是宫中的大事，皇子降生后，要行很多礼俗，含有保健、祝吉、祷神乃至占验等多种意义，“洗儿”是其中的一项重要的礼俗。“洗儿”，又名洗三，在皇子降生第三天行淋浴礼。据唐李德裕《次柳氏旧闻》，唐玄宗开元十四年(726)，皇孙李豫出生三日，玄宗亲自前来，赐金盆洗浴。小皇孙受洗金盆后，再用襁褓裹起。高力士带着宫人们三呼万岁，玄宗大喜，厚赐宫人。以后宫中凡逢有生育，无论男女，都在出生后三日举行一次洗礼，并给宫人赏赐，称作“洗儿钱”。杨贵妃收安禄山为义子，也曾为他做三日洗儿。这一礼仪在唐时就流出宫廷，首先在官宦人家流行起来。白居易庆贺谈弘谟外孙洗儿诗写道：“玉芽珠颗小男儿，罗荐兰汤浴罢时。”又有一首诗写道：“洞房门上挂桑弧，香水盆中浴凤雏。还似初生三日魄，嫦娥满月即成珠。”诗中提到的“兰汤”、“香汤”，都表明洗儿不是用清水。洗儿的汤方还写入了医书，孙思邈写道：“儿生三日，宜用桃根汤浴。”桃根汤是用桃根、李根、梅根各二两，以水煮二十沸，去滓，用以洗浴，能够“去不祥，令儿终身无疮疥”。可见唐时洗儿已是非常的讲究，并含有去污秽、保健的功能。

这首诗第二个引人注目的是宫中的侍宦、宫女与皇帝、妃子的和谐关系。在唐代诗歌中，君主、后妃与太监、宫女之间的关系常是压迫与被压迫、被讨好与讨好的关系。这首宫词展现了主奴之间的另一种情景，就是其乐融融、主奴共乐的场景。外面日头高照，宫中香烟袅袅，小皇子在大家的期盼中呱呱坠地了。在这个欢乐的时刻，皇宫中一派繁忙热闹，宫人们齐声高呼万岁，祝贺皇帝、娘娘喜得龙子，声音震耳欲聋，响彻云霄。如果说他们长长的祝福声还带有献媚的奴颜，那么内人们争先恐后地要洗儿赏钱，就充满浓浓的人情味了。皇帝虽然贵为天子，也有平常父母的欢乐。在这样一个龙颜大悦的日子里，说什么都是不过分的。小皇子才刚刚降生，还不到洗儿的日子，内人们就喜气洋洋，来要“洗儿”赏钱了。“争”字用得特别好，写出了内人们嬉笑热闹、声声祝福，并通过争先恐后地讨“洗儿”赏钱的行为，将欢乐的气氛推向高潮。

唐代宫廷的开放与宽松，唐代皇帝与宫中侍宦、内人的和谐关系，也是封建王朝一道独特的风景。

其七十四

太仪前日暖房来，嘱向昭阳乞药栽。敕赐一窠红踯躅，谢恩未了奏花开。

这首诗描写了宫廷中乔迁新居的一些风俗，也为我们展现了后宫中的人情风貌。

开篇就提到“暖房”的风俗。“暖房”，俗称“闹屋”或“温居”。南宋吴自牧的《梦粱录》记载了这一风俗：“或有新搬移来居止之人，则邻人争借动事，遗献汤茶，指引买卖之类，则见睦邻之义，又率钱物，安排酒食，以为之贺，谓之‘暖房’。”大意是说主人乔迁新居，邻居们热情相助帮忙，大家在一起吃吃喝喝一顿，彼此认识了解，增进睦邻友好，或是增添喜庆之意。诗中写太仪来为一位宫妃的新居暖房。太仪是九嫔之首，她来凑趣，可见与这个宫妃的关系不同一般。

诗中还写道宫中搬新殿要种花的风俗。这位太仪来看了后，觉得还少了点什么，就嘱咐她向皇后娘娘索要药材来栽种。太仪专门提起此事，可见对此的重视。无独有偶，王建的另一首《宫词》写贵妃娘娘迁新居时也很重视种花。诗中写道：“小殿初成粉未干，贵妃姊妹自来看。为逢好日先移入，续向街西索牡丹。”新宫殿刷的粉还没有干，贵妃姊妹就亲自前来观看了。贵妃娘娘为了在一个吉利的日子里住进宫中，就不管宫殿是否已装修完毕，提前搬进来了，接下来，她也要在宫中种牡丹花。这里的“街西”不应当是长安城中的街西，而是她住所西边的一所宫殿。古代后宫以东为贵，贵妃娘娘索取牡丹花的宫妃住在西边，地位当在她之下。“牡丹”是花中之王，美艳无比，也正是这位宠恩正浓的宫妃的意中之花。

回到所分析的诗中来。诗中太仪的嘱咐的“嘱”字用得很好，写出了宫妃的心机与谋术。为什么太仪要嘱咐向昭阳宫请药呢？昭阳宫是汉代皇后的居所，后成为皇后娘娘的代称。有的本子“昭阳”用的是“朝阳”，若是朝阳，就不确是指代谁了，但肯定是地位高的人。借乔迁新居向正宫娘娘乞药，有献媚示好之意。皇后娘娘赐给她一窠红踯躅。红踯躅就是红杜鹃。唐朝时，杜鹃花十分珍贵，它和报春花、龙胆花合称为“中国三大名花”，杜鹃花还列于其他两种花之前。著名诗人白居易写道：“回看桃李都无色，映得芙蓉不是花。”高度赞美杜鹃花的美丽。娘娘赠送的是将要开放的名贵的花，这也是一个友好的信号。妃子得到花后非常高兴，向皇后娘娘千恩万谢，报告花已经开了，真是喜庆吉利啊。

看来宫妃们迁新居，也和民间一样讲究很多仪式，以图吉利。如诗中所写的要暖房、要种花、要选择迁入的日子。迁新居的时候也是宫妃们拉关系、开展公关的好时机。中国古语说“天时不如地利，地利不如人和”，两首宫词两个妃子，用心却如此不同，一个看重吉利的日子，一个借此向皇后娘娘献媚。孰高孰下，留给读者回答吧。

其八十三

教遍宫娥唱遍词，暗中头白没人知。楼中日日歌声好，不问从初学阿谁。

这首诗描写了一位年老的宫廷乐师的悲剧。她培养了无数的弟子，可是当她老了的时候，却没有人记得她。这首诗所反映的社会现实也具有普遍性，具有一定的批判意义。

这首诗的诗意明白晓畅。诗一开始是一位老年乐师的感慨：“教遍宫娥唱遍词，暗中头白没人知。”她回忆往事，自己担任乐师以来，教过不计其数的宫女学习唱歌，现在自己头发斑白，年纪大了，却没有人知道自己了。乐师对过去受到学生的尊敬与追捧和现在门前冷落、无人问津的现实进行对比，不禁感慨万千。

为什么在宫中会出现这种不认老师的怪现象？

唐朝是一个尚乐的朝代，据《新唐书·礼乐志》记载：“唐之盛时，凡乐人、音声人、太常杂户子弟，隶太常及鼓吹署，皆番上，总号音声人，至数万人。”“音声人”也就是今天“音乐人”。这些音乐人既包括教授学生的乐师，也包括学习音乐的乐人，教授者往往同时也是表演者。她们被称为“内人”，虽是乐伎，但也可能被皇帝临幸。相传歌女许和子就是因其美妙的歌声得宠的。王建另一首宫词写了一位刚则进入教坊的小宫女：“十三初学擘箜篌，弟子名中被点留。昨日教坊新进入，并房宫女与梳头。”“梳头”之意，这个宫女就是皇宫中的人了，从此可以侍奉君王了。由这些材料可以看出，教坊的乐师与学生之间的关系很特别，她们学习音乐时是师生关系，登台表演时是同事关系，侍奉君王时是对手关系。在诸多关系中，一旦宫女学成，竞争对手可能是其主要的关系。竞相在皇帝面前邀宠，哪里还分老师与学生啊。

宫女老年如日薄西山之人，还会有谁来奉承呢？宫廷乐人老来的命运是悲惨的，年老色衰常被遣退，王建《老人歌》中写道：“白发歌人垂泪行，上皇生日出京城。如今供奉多新意，错唱当时一半声。”张祜在《退宫人二首》中描写一位宫中歌女“歌喉渐退出宫闱”，出宫之后，这些白发老人连生计都成问题。所以年老是宫廷乐师们害怕的一个问题。这位乐师在宫中已是日暮途穷之人，一个将被皇家抛弃的人，还有谁会来奉承她、巴结她呢？王建的另一首宫词中写一个得宠的宫人来时的情景：“一时起立吹箫管，得宠人来满殿迎。”场面是何等的热闹，乐师们是何等的恭敬。在那辉煌的宫殿下，是一个个人伦尽丧、趋炎附势、深度扭曲的灵魂。世态的炎凉、人情的冷暖，都在这乐师的悲叹声中。

其九十

树头树底觅残红，一片西飞一片东。自是桃花贪结子，错教人恨五更风。

《石洲诗话》评本诗说："其词之妙，则自在委曲深挚中别有顿挫，如仅以就事直写观之，浅矣。"颇中肯綮。

诗一开始就展开一幅形象的画面：宫中，一个暮春的清晨，宫女徘徊于桃树下，看看"树头"，花朵越来越稀；"树底"则满地"残红"。这景象使她们感到惆怅，于是一片一片拾掇起狼藉的花瓣，一边拾，一边怨，怨东风的薄情，叹桃花的薄命……在古典诗歌中，伤春惜花常与年华逝去或受到摧残联系在一起，如"洛阳女儿好颜色，行逢落花长叹息。今年花落颜色改，明年花开复谁在"（刘希夷《代悲白头翁》）。宫人的惜花恨风，只是自觉不自觉地移情于物罢了，也隐含着对自身薄命的嗟伤。

诗前后有一个转折。从"觅残红"突然想到"桃花贪结子"，意境进了一层。《诗经·周南·桃夭》云："桃之夭夭，有蕡其实。之子于归，宜其家室。"用桃花结子来暗示女子出嫁，此诗"桃花贪结子"一样具有强烈的暗示性。桃花结子是自然的、合理的，然而宫女连开花结子的桃花都不如，写"桃花贪结子"，就深深暗示出宫女难言的痛苦。

到这里，读者会感到宫女惜花的心情渐渐消逝，代之以另一种情绪，这就是羡花乃至妒花了。从惜花恨风到羡花妒花，是诗情的转折，也就是"在委曲深挚中别有顿挫"（《石洲诗话》）。这一顿挫，使诗情发生跳跃，意境为之深化。如果说仅仅是惜花恨风，读者还难以分辨宫女之怨与洛阳女儿之怨的不同，那么，这羡花妒花的情绪，就把二者完全区别开来，写出了人物感情的个性，赋予形象以深度与厚度了。同时，这一转折又合乎生活逻辑，过渡自然。桃花被五更风吹散、吹落，引起宫女们的怜惜和怨恨，她们把桃花比为自己，同有一种沦落之感。但桃花凋谢了会结出甘美的果实来，这又自然勾起宫女的羡艳、妒嫉了。但诗人的运笔不这样直接表达，却说是桃花因"贪"结子而自愿凋谢，花谢并非"五更风"扫落之过。措词委婉，突出了桃花有结子的自由，也就是突出了宫女命运的大可怨恨。

王建《宫词》以白描见长，语言平易清新。此诗近于口语，并适当运用重叠修辞，念来朗朗上口，具有民歌风调。尤其因为在明快中见委曲，于流利中寓顿挫，堪称佳作。

宫中调笑

（唐）◎王　建

团扇，团扇，美人病来遮面。玉颜憔悴三年，谁复商量管弦！弦管，弦管，春草昭阳路断。

此调亦即《调笑令》（又称《转应曲》）。黄升云："王仲初以宫词百首著名，《三台令》、《转应曲》，其余技也。"此词即属"宫词"之余。

词以咏扇起兴，同时绘出一幅妍妙的宫中仕女图。"新裂齐纨素，皎洁如霜雪。裁成合欢扇，团团如明月。"（班婕妤《怨歌行》）美的团扇，是美人的衬托。人的外表美当与健康分不开，但在封建时代，士大夫的审美观念却是西子捧心则更添妍姿。词起首写美人病来，自惭色减，以扇遮面，而纨扇与玉颜掩映，反有"因病致妍"之妙。倘如说"病态美"于今天的读者已经隔膜，那也无关紧要，因为全词的旨趣并不在此。作者最多不过是借此表明一种"红颜未老恩先断"的感慨罢了。

"玉颜憔悴"上应"美人病来"，却从咏物及人的外部动态过渡到写人物的命运和内心活动，转折中词意更深入一层。从下句的"复"字可会出，"三年"前美人曾同人"商量管弦"，以歌笑管领春风，而这一切已一去不复返。可见美人的"病"非常病，乃是命运打击所致，是由承恩到失宠的结果。"玉颜憔悴三年"，其中包含多少痛苦与辛酸。"谁复商量管弦"更将一腔幽怨宣泄而出。冷落三年之久，其为无人顾问，言下自明，语意中状出一种黯然神伤、独自叹息的情态。

"弦管，弦管，春草昭阳路断"点明宫怨之意。"昭阳"，汉殿名，为汉成帝赵飞燕所居，用来指得宠的所在。"昭阳路断"即"君恩"已断，不直言君王喜新厌旧，而托言是春草遮断通往昭阳之路，尤婉曲有味。"弦管，弦管"的叠语用在这里，则大有"月明歌吹在昭阳"（李益《宫怨》）的意味。从昭阳殿那边隐约传来的歌吹之声，会勾起久已不复有人"商量管弦"的宫人多深的惆怅，是不言而喻的。于是"团扇"的兴义立见，它显然暗用了班婕妤著名的《怨歌行》的全部诗意，即以"秋扇见弃"暗示"恩情中道绝"。所谓"美人病来遮面"亦不仅是自惭形秽而已，其中颇含"且将团扇共徘徊"（王昌龄《长信秋词》）的感慨，见物我同情。这又是首尾转应了。

本来"弦管"的叠语按律只为上句末二字"管弦"倒文重叠咏叹，不必具实义。此词用来却能化虚为实，使二叠语大有助于意境的深化和词意的丰富。全词之所以能曲尽"转应"之妙，与此大有关系。这样的句子，方称得上"活句"。

宫 词

（唐）◎ 朱庆馀

寂寂花时闭院门，美人相并立琼轩。含情欲说宫中事，鹦鹉前头不敢言。

朱庆馀（？—？），名可久，以字行，越州（今浙江绍兴）人。敬宗宝历二年（826）登进士第，官秘书省校书郎。尝客游边塞。

这首宫怨诗反应了宫女的不自由和宫中言论的压抑。

诗的前两句为我们描绘了这样一幅图景：两位美女并立在轩中，周围是一片繁花似锦的大好景色。细读这幅图，却有一股冷意袭来。“花时”，正是百花当开之时，万紫千红，热热闹闹，争奇斗艳。而前面冠以“寂寂”二叠字，却在繁华中透出寂寞，花的怒放与环境的沉寂显得极不协调，对比强烈，情绪的反差很大。紧闭的院门更进一层，加重了情绪的紧张感。人们不禁要问：这是什么地方，为什么美景会让人寂寥，为什么院门会紧闭？“美人”的出现又暂时缓解了紧张，她们立于琼轩前欣赏美景。“琼轩”是经过雕饰的有窗槛的长廊。选择这样的地方站立，这两个美人似乎是有所顾忌，想避人耳目。这样的描写在情绪上似松实紧，景色、环境、人物都笼罩着一层压抑的气氛，充满了悬念，为诗的下文埋下伏笔。

当我们读完后两句时，会惊讶地发现这两个宫女虽然站在一起，她们却自始至终没有说一句话：“含情欲说宫中事，鹦鹉前头不敢言。”历史上这种恐怖的时代无过于周厉王了。他的治国之策就是防民之口甚于防川，国内遍布爪牙，以致国民不敢言，道路以目。唐武则天时也是恐怖当道，告密成风。这两句诗描写了宫中的恐怖环境，历来为人称道，赞其“妙手比拟”。两位宫女并不是因为鹦鹉在前而不敢说话，鹦鹉只是一个比喻，是比喻告密者。借鹦鹉学舌传话，来比喻那些无所不在的监听

耳目。结合上两句来看,两位宫女所做的防范并非不严密,关上院门,又站在有遮身之处的长廊中,可还是不敢说话,可见这恐怖已深入到宫女的心中,是一种心理恐怖了。

"含情"二字用得非常传神。胸中有千言万语,但是不能说、不敢说。生活在恐怖之中的美人,也有自己的生存方式和法则。即使不能言语,却把情谊传达了。她们是如何传情的?自然只有通过身体语言了。眼睛是心灵的窗口,在默默站立的片刻,双眼的内涵一定是非常丰富、饱含情感的。这情,既有冤情、委曲和埋怨,还有两位同是受苦的姐妹的理解、安慰和鼓励。在这欲说还休的场景中,给人无限的想象空间,诗的张力大大提高了。"宫中事",点明了特殊的地点特殊的事件,也承接上两句诗,补充交代了那明媚风景中的压抑从何而来,绵密有致,相得益彰。

值得一提的是,两位美丽宫女知道宫中耳目众多,就是关上院门,就是站在一起也不敢说话,却为什么还要不避嫌疑,站到一起来? 中国古语不是说"瓜田不纳履,李下不整冠"吗?她们这种反常的表现,正是两个柔弱的生命在极大的恐怖压力下,寻求鼓励和支持,希望获得精神上慰藉的表现。

闺意献张水部

（唐）◎ 朱庆馀

洞房昨夜停红烛，待晓堂前拜舅姑。妆罢低声问夫婿：画眉深浅入时无？

稍稍了解一点背景知识的人都知道，描写洞房花烛并非是这首诗的真正用意，干谒方才是它的真正目的。唐代科举考试制的一个副产物就是干谒诗流行。为实现经世致用的抱负，往往需要得到达官显贵的赏识、援引、擢拔，唐代的士子们往往投诗文以显示自己的才华，也确有很多士子通过这一行为获得了成功。干谒行为在唐代公开而盛行，著名的诗人王勃、孟浩然、李白、白居易等都有过干谒诗作，还留下了许多文坛佳话。

这首诗是朱庆馀在临考之前呈给主考官张水部的。张水部就是当时诗坛上大名鼎鼎的张籍。据《全唐诗话》，张籍很欣赏朱庆馀的诗作，对他呈给自己的二十六首诗大加赞赏，常常揣在身上，随时取出赏读。可是大考临近，朱庆馀还是不放心，写了这首诗小心的询问。它以贴切而得体的比喻，惟妙惟肖地刻画了考生在应试前既自负又担心的复杂心理。张籍读后大为欣赏，还专门写了一首七绝《酬朱庆馀》作答：“越女新妆出镜心，自知明艳故沉吟。齐纨未足人间贵，一曲菱歌敌万金。”将朱庆馀比成明艳的越女，将他的诗比成价值千金的越歌。这首干谒诗作取得很好的效果。

诗人紧紧扣住新婚第二天“拜舅姑”的习俗进行描写。起句写洞房之夜，花烛高照。“停”，唐人口语，点燃。暗示结婚的仪式结束了，新嫁娘却并没有轻松，从时间词“昨夜”、“待晓”上看，她的心思已转到第二天将进行的拜见公婆的仪式上。这个仪式对她是非常重要的，在等待的这一时刻，新嫁娘的心理丰富而复杂，既想趁此机会表现一下，获得夫家人的认可，又担心愿望落空，以后的日子不好过。这一复杂心理从“待晓”二字流露出来，等待天明，表明了新嫁娘很早就起来了，也表明了她忐忑不安的焦虑心理。

她起来干什么呢？为拜见公婆做准备——精心的化妆。我国古代特别重视妇女的德行，所谓“妇女四德”，就是指“妇德、妇言、妇容、妇功”。“妇容”是妇女的德行中非常重要的一项，即妇女的容貌。有身份人家的妇人，是非常讲究打扮的。这个打扮并不是要非常妖艳，而是要端庄有礼，与身份适宜。妇容也是新嫁娘留给夫家人的第一印象，这第一印象的好坏直接与其德行相关。尽管早早的就起来化妆，新嫁娘心里还是没有把握，是否与夫家的标准相适宜呢？最后只好求助于夫君了：我的眉毛画得好不好，合不合时宜？

结合这首诗的干谒性质可知，诗人是话外有音、弦外有意。他用新嫁娘画眉是否合时宜来比喻自己的诗是不是写得合主考官的心意。入仕是仕子们的理想，而在展现自己的其他才能之前，诗文是显示自己才华的重要一环。诗人将自己比成新嫁娘，将考官比成公婆，比喻新颖而贴切，合乎人物的身份，难怪主考官看得心花怒放，和诗相答。

这首诗虽是干谒诗，但却写得非常符合新婚诗的特点。洞房燃烧的红烛与结婚的场面相符合，等待的心情符合新嫁娘见公婆前的心理，特别是最后低声问夫婿的情景，新娘子娇羞的神情跃然纸上。

怨 诗

（唐）◎ 孟　郊

试妾与君泪，两处滴池水。看取芙蓉花，今年为谁死！

孟郊（751—814），字东野，湖州武康（今浙江德清）人。少隐嵩山，贞元十二年（796）登进士第，十六年任溧水尉，后辞官。曾任河南水陆运从事，试协律郎。宪宗元和九年（814）迁兴元军参谋，试大理评事，赴任时暴死途中。友人张籍等私谥贞曜先生。有《孟东野诗集》。

韩愈称赞孟郊为诗“刿目鉥心，刃迎缕解。钩章棘句，掐擢胃肾。神施鬼设，间见层出”（《贞曜先生墓志铭》）。说得直接点，就是孟郊爱挖空心思做诗；说得好听点，就是讲究艺术构思。

艺术构思是很重要的，有时竟是创作成败的关键。比方说写女子相思的痴情，是古典诗歌中最常见的主题，不同诗人写来就各有一种面貌。薛维翰《闺怨》：“美人怨何深，含情倚金阁。不笑不复语，珠泪纷纷落。”从落泪见怨情之苦，构思未免太平，不够味儿。李白笔下的女子就不同了：“昔日横波目，今成流泪泉。不信妾肠断，归来看取明镜前。”（《长相思》）也写掉泪，却以“代言”形式说希望丈夫回来看一看，以验证自己相思的情深。

孟郊似乎存心要与前人争胜毫厘，写下了这首构思堪称奇特的“怨诗”。他也写了落泪，但却不是独自下泪；也写了验证相思深情的意思，但却不是唤丈夫归来“看取”或“验取”泪痕。诗也是代言体，诗中女子的话却比李诗说得更痴心、更傻气。她要求与丈夫（她认定他一样在苦苦相思）来一个两地比试，以测定谁的相思之情更深。相思之情，是看不见，摸不着，没大小，没体积，不具形象的东西，测定起来还真不容易。可女子想出的比试法儿是多么奇妙。她天真地说：试把我们两个人的眼泪，各自滴在莲花（芙蓉）池中，看一看今夏美丽的莲花为谁的泪水浸死。显然，在她心目中，谁的泪更多，谁的泪更苦涩，莲花就将“为谁”而“死”。那么，谁的相思之情更深，自然也就测定出来了。这是多么傻气的话，又是多么天真可爱的话！池中有泪，花亦为之死，其情之深真可“泣鬼神”了。这一构思使相思之情形象化，那出污泥而不染的“芙蓉花”，将成为可靠的见证。李白诗云：“昔日芙蓉花，今为断肠草。”可见“芙蓉”对相思的女子，亦有象征意味。这就是形象思维。若不是痴心人儿，谅你想象不到。

“换你心，为我心，始知相忆深”（顾敻《诉衷情》）自是透骨情语，孟郊《怨诗》似乎也说着同一个意思，但他没有以直接的情语出之，而假景语以行。然而“一切景语皆情语”（王国维《人间词话》），这样写来更饶有情味。

望夫词

（唐）◎ 施肩吾

手爇寒灯向影频，回文机上暗生尘。自家夫婿无消息，却恨桥头卖卜人。

施肩吾（？—？），字希圣，号栖真子，睦州分水（今浙江桐庐）人。曾寓居吴兴（今浙江湖州）、常州武进（今江苏武进）。宪宗元和十五年（820）登进士第，不待除授即离京东归，栖居洪州（今江西南昌）西山而终。《全唐诗》存诗1卷。

此诗写丈夫出征在外没有音信，家中妻子对他的思念。

首句以描写女子长夜不眠的情景。“爇”即燃。“寒”字略寓孤凄意味。“手爇寒灯”，身影在后，不断回头，几番顾影（“向影频”），既有孤寂无伴之感，又是盼人未至的情态，其心情的急切不安已从字里行间透露出来。这里已暗示她得到了一点有关丈夫的信息，为后文作好伏笔。

第二句“回文机”用了一个为人熟知的典故：前秦苻坚时秦州刺史窦滔被徙流沙，其妻苏蕙善属文，把对丈夫的思念织为回文旋图诗，共八百四十字，读法宛转循环，词甚凄婉（见《晋书·列女传》）。这里用以暗示“望夫”之意。“机上暗生尘”，可见女子多日无心织布。这与“自君之出矣，不复理残机”虽同样表现对丈夫的苦苦思念，但又不同于那种初别的心情，它表现的是离别经年之后的一种烦恼。

前两句写不眠、不织，都含有一个“待”字，但所待何人，并没有点明。第三句才作了交代，女子长夜不眠，无心织作，原来是因“自家夫婿无消息”的缘故。诗到这里似乎已将“望夫”的题意缴足。

清人潘德舆说：“诗有一字诀曰‘厚’。偶咏唐人‘梦里分明见关塞，不知何路向金微’，‘欲寄征人问消息，居延城外又移军’（张仲素《秋闺思》）便觉其深曲有味。今人只说到梦见关塞、托征鸿问消息便了，所以为公共之言，而寡薄不成文也。”（《养一斋诗话》）此诗也深得“厚”字诀。这个“卖卜人”角色的加入，几乎给读者暗示了一个生活故事，诗意便深曲有味。原来女子因望夫情切，曾到桥头卜了一卦。诗中虽未明说“终日求人卜，回回道好音”（杜牧《寄远人》），但读者已经从诗中默会到占卜的结果如何。要是占卜结果未得“好音”，女子是不会后来才“恨桥头卖卜人”的。卖卜人的话自会叫她深信不疑，难怪她一心一意相候，每有动静都疑是夫归，以致“手爇寒灯向影频”（至此方知首句之妙）。问卜，可见盼夫之切；而一旦夫不归时，不恨卖卜人恨谁？

不过“却恨桥头卖卜人”于事何补？但人的情感有时不可理喻。思妇之怨无处发泄，心里只好骂两声卖卜人解恨，这又活生生地表现出莫可奈何而迁怒于人的儿女情态，造成丰富的戏剧性。

夜笛词

（唐）◎ 施肩吾

皎洁西楼月未斜，笛声寥亮入东家。却令灯下裁衣妇，误剪同心一半花。

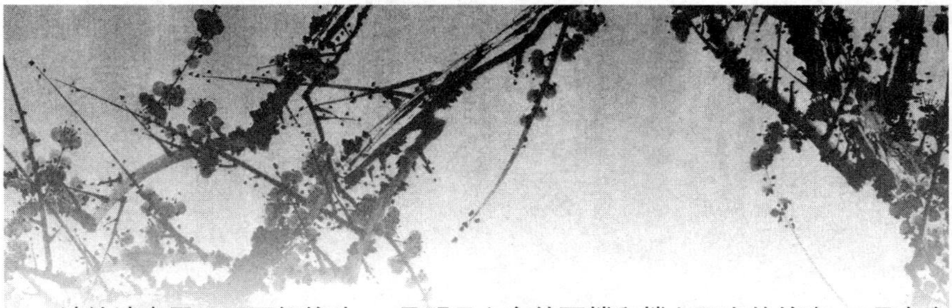

诗给读者展示了两组镜头，一是明月之夜的西楼和楼上飘出的笛声，二是东家在灯下裁衣的少妇闻笛而走神，在剪裁上弄出差错的情事。两组镜头的衔接组合，又产生出更多的意蕴。

“皎洁西楼月未斜”，从“皎洁”、“月未斜”数字可知这是十五月圆之夜，能引起读者现成的联想，接着写西楼之上“笛声寥亮”，又通过“入东家”巧妙地将前二句与后二句联结，过渡自然。诗中未露面的吹笛人，可能是很关紧要的人物，也可能不是。在这个明月之夜，他吹奏的是什么曲子呢？是《关山月》？是《折杨柳》？是《落梅花》？曲调当与明月和相思有关，不然，何以叫诗中那位裁衣剪花的少妇那样痴迷呢？

“却令灯下”二句写笛声传入东家后造成的影响。“同心花”三字，暗示了人物的内心活动，所谓睹物思人。“误剪同心一半花”，是因为笛声“寥亮”，使她如痴如醉，方才造成失误。这里，读者对诗意的生发可以有两个方向。一般情况，西楼吹笛人与少妇了无关涉，只是他的笛声引起了她对离人的怀想，因而走了神。特殊情况，西楼吹笛人即少妇心中之人，那曲中之意只有他们自己知道，因而她有点心慌意乱。当诗的具体交代语言少了，或省略了限制性的词语，读者的能动性就增强，这是多数绝句耐人玩味的一个重要原因。此诗在误剪同心花处结尾，留下了一个可以推测的情景，即那少妇发现大错铸成的懊恼，“天啦，竟把同心花剪掉一半儿，这是撞了什么鬼呢！”其啼笑皆非之态，跃然纸上。

中晚唐绝句与盛唐绝句风貌有较大不同，诗人逐渐超出情景二端，开始对小情趣和生活事件给以更多关注，绝句中出现了情节性内容。这首诗就是撷取一个富于启发性的日常生活片断，作点睛式刻画，显得很有生趣。绝句不可能对声乐本身详加描述，但从声乐发生的效果，读者不难体会那“夜笛”声乐之妙。

长门怨

(唐)◎刘　皂

雨滴长门秋夜长，愁心和雨到昭阳。泪痕不学君恩断，拭却千行更万行。

刘皂(?—?)，德宗贞元间人，或为长安(今陕西西安)人，余不详。《全唐诗》存诗5首。

“长门怨”是宫怨诗的标志性诗题。这首诗写失宠宫女的怨情，一唱三叹，情景交融，凄婉动人。

本诗选择象征愁苦的意象来表达忧愁、悲伤心情，或渲染凄冷、悲凉气氛。“秋风秋雨愁煞人”，萧瑟的秋天、绵绵的秋雨，是写愁怨的典型意象，它将失宠宫女悲伤痛苦的心情具象为漫天飞舞的绵绵细雨，非常感人。

绵绵秋雨渲染了凄苦悲凉的氛围，垫定了全诗愁怨的基调。诗一开篇就是淅淅沥沥的雨滴之声。时令当秋，寒气袭人、细雨缠绵、潮湿阴冷，这种天气使人郁闷消沉、孤单苦闷。普通人尚且如此，遭受失意挫折的人，心境更是何等的落寞。“长门”点出了失意的事由。“长门”是一个典故。里面住的阿娇，汉长公主之女，出身是何等的高贵，武帝少年时指名要金屋藏娇，这是何等的荣宠。时过境迁，当已是陈皇后的阿娇听说卫子夫得宠时，多次求死，终于被废，居长门。此后长门就成为冷宫的代称。伤心人遇伤心景，怎么不加倍伤感？雨滴之声使夜晚更加如死一般寂静。这一句的用字很有特点，两个“长”字相叠，拖长了音节，增加了时间的长度，表现出长夜难奈的凄惶。

绵绵秋雨表现了诗人愁苦的情感心理。昭阳是皇帝的居所，被废之人自然已无缘再进，咫尺成天涯，但昭阳宫仍是她的痛苦所在，她的牵挂所在，甚至是她的希望所在。李白有诗“我寄愁心与明月”，刘皂诗中说“愁心和雨到昭阳”，将情感赋于自然景物是中国古代诗歌常用的手法。这时无论是李诗中的月亮还是刘诗中的秋雨，都是情感的载体，与诗中的愁怨情感融为一体。愁心化为天上的雨水漫天飘飞，愁心又化为宫女的泪水汩汩滔滔，用雨水、泪水反复渲染表现“愁怨”。尤其是最后一句“拭却千行更万行”，用夸张的手法表现泪如泉涌、终日以泪洗面的情景。宫外漫天细雨，绵绵不绝。宫内失宠宫女的泪花，满面纵横。这幅场景催人泪下，令人同情。

宫 词

（唐）◎ 薛 逢

十二楼中尽晓妆，望仙楼上望君王。锁衔金兽连环冷，水滴铜龙昼漏长。云髻罢梳还对镜，罗衣欲换更添香。遥窥正殿帘开处，袍袴宫人扫御床。

薛逢（？—？），字陶臣，蒲州河东（今山西永济西）人。武宗会昌元年（841）登进士第，释褐秘书省校书郎。宣宗大中三年（849）擢为万年尉，历侍御史、尚书郎。有《薛逢歌诗》。

这首诗描写了宫中妃嫔等待君王临幸的复杂心理，将妃嫔等待时的动作刻画得惟妙惟肖，传神地表现了她们渴望君王宠幸而不可得的复杂怨恨的心情。

首联写一大早，妃嫔们就起来梳妆打扮好了，盼望君王来临。君王在哪里呢?诗中没有说，只有“十二楼中”、“望仙楼上”可供我们推测。有学者将“十二楼”理解为宫妃所住之地，但是结合诗意来看，也许理解为皇帝所住之地更好。为什么呢?十二楼应为“十二楼五城”，典出《史记·封禅书》：“方士有言黄帝时为五城十二楼，以候神人于执期。”《汉书·郊祀志下》也有“黄帝时为五城十二楼”的记载。应邵注释说：“昆仑玄圃五城十二楼，仙人之所常居。”可知这是神仙居住的。“望仙楼”是唐武宗在会昌三年修的，此楼在大明宫，高达百尺，耸入云天。武宗信奉道教，一心想长生不老，尽管年纪轻轻，但却对炼丹非常热衷，修望仙楼就是要给天上的神仙指引方向，希望有一天神仙可以驾鹤而来，降落在这里。这是帝王修炼之地，不太可能成为宫妃的寝宫。道家修炼要求节欲，宫中的嫔妃众多，自然能临幸的可能性就太小了。难怪她们望穿秋水，密切关注望仙楼上的动静。

“锁衔金兽连环冷，水滴铜龙昼漏长”这两句是妃嫔生活现状的描述。如果帝王要驾临，就有宫人先来扣门报信，所以她时时都注意听有没有门环的响声。“冷”字一语双关，它既写了无人扣门、连环冰冷的状况，也写出了自己心中泛起的冷意。“铜龙”是计时之物。关于时间的长短是一个相对的概念，人们都会有这样的生活体会，当我们焦急地等待恋人时，时间就会过得非常非常慢；而我们和恋人在一起时，又会觉得时间如飞，一下子就过去了。诗中的妃嫔因为不知道君王会不会来而觉得白天的时间特别的漫长。“云髻罢梳还对镜，罗衣欲换更添香”，在这漫长的等待里，诗人写了宫妃的两个动作：一是梳妆，一是换衣。这只是一种无可奈何的行为，对一个宫妃来讲，她只能以色侍人，她凭借的也是一点点人的生物性，以形、色、味来吸引异性。君王沉浸在炼丹修道之中，早已将宫妃们抛之脑后。在她这种带有强迫症的行为当中，可以看出她的渴望、焦虑，这种没有结果的行为当中充满了悲剧色彩。

“遥窥正殿帘开处，袍袴宫人扫御床”，她无时无刻不在关注君王的动向。她远远地看到正殿那边有宫女在打扫御床。“袍袴”是道家的服饰。因为君王信道教，所以宫中的宫女都是穿道袍。显而易见君王是不会来了，她所有的努力都是白费了。诗到这里也戛然而止。

全诗形象生动地反映了宫妃们被君王冷落、求宠不得的苦闷和伤怨。

柳枝词

（唐）◎ 何希尧

大堤杨柳雨沉沉，万缕千条惹恨深。飞絮满天人去远，东风无力系春心。

何希尧（？—？），字唐臣，号常欢喜居士，睦州分水（今浙江桐庐）人。施肩吾婿，隐居未仕。《全唐诗》存诗4首。

《柳枝词》即《杨柳枝词》，是中唐以后流行的歌曲之一，歌词则由诗人创作翻新，借咏柳抒写别情的，在其中占有相当比例。此诗在造境和语言使用上很有特色，是同类诗作中的上品。

“大堤”在襄阳城外，靠近横塘。宋随王刘诞《襄阳曲》云：“朝发襄阳来，暮止大堤宿。大堤诸女儿，花艳惊郎目。”大堤从那时起就是个寻花问柳的地方。唐人诗中写到大堤的如施肩吾《襄阳曲》：“大堤女儿郎莫寻，三三五五结同心。清晨对镜理容色，意欲取郎千万金。”李贺《大堤曲》：“莲风起，江畔春。大堤上，留北人。”由此推知，这首《柳枝词》写的是大堤姑娘在暮春时分送别情人的情景。

堤上夹道的杨柳由于近水，枝条特别繁茂。丝条垂地，给人以袅娜娇怯之感。“晴烟漠漠柳毵毵，不那离情酒半酣”（韦庄），折柳送别，即使晴天，也不免使人感伤，何况雨雾迷蒙，更要倍增惆怅。“大堤杨柳雨沉沉”，“沉沉”二字，既直接写雨雾沉沉，又兼关柳枝带雨，显得沉甸甸的，而人的心情沉重，也不言而喻。送别情人，离恨自深，说“万缕千条惹恨深”，不仅意味着看到那两行管领离别之碧树（刘禹锡“长安陌上无穷树，唯有垂杨管别离”），使愁情加码，还无意中流露出姑娘无奈中迁怨于景物的情态，显得娇痴可爱。

此诗的精彩还不在前两句。三句写分手情景道：“飞絮满天人去远。”造境绝佳。盖前二句写雨不写风，写柳不写絮，到写“人去远”时，才推出“飞絮满天”的画面，便使人事和自然间发生感应关系，其妙有类于“蒙太奇”。同时这句包含一隐一显两重意味，明说人去飞絮满天又暗示春去。宋人王观有“才始送春归，又送君归去”的名句，句下已有无尽惆怅，而两事同时发生，情何以堪！诗人都说风雪送人，景最凄迷，而“杨花似雪”、“飞絮满天”的景色，也使人迷乱。“人去远”，是就行者而言；还有一个站在堤上送行的人，一任柳絮乱扑其面，神情见于言外。

“东风无力系春心”这个令人击节的结句，措语微妙绝伦。从上句的“飞絮满天”看，这是就自然节物风光而言，谓东风无计留春长驻，春来春去，有其必然性在；从上句的“人去远”看，“春心”二字双关恋情，则此句意味着爱情未必持久，时间会暗中偷换人心。前一重必然影射着后一重必然。诗句既针对大堤男女情事，有特定的含义，又超越这种情事，含有普遍的哲理。“立片言而据要，乃一篇之警策”（陆机），就音情而言，这“无力”二字在句中处境特妙，必须缓咏延宕才能尽情。它直接联下三字，表明“无力系春心”，就此义而言，似不能读断。但它又紧联上二字，又有“东风无力”的含义，参照“东风无力百花残”（李商隐）、“柳条无力魏王堤”（白居易）的名句，又似可以读断。可断不可断，只能用拖逗的读法来兼济了。

宫　词

（唐）◎ 张　祜

故国三千里，深宫二十年。一声何满子，双泪落君前。

张祜（782？—852？），字承吉，郡望清河东武城（今山东武城），籍贯南阳（今属河南），晚年居丹阳（今属江苏）。生性狷介，不容于物，以布衣终生。长年浪迹江湖，或为外府从事，或为大僚幕宾，阅历极广。有《张祜诗》。

何满子是唐代教坊曲名。何满子本是人名，是唐玄宗开元年间沧州的歌者，在就刑前她张口高歌，曲调悲愤，使“苍天白日黯然失色”。她出色的技艺使皇帝闻之，惜其才艺难得，降旨缓刑。而她临刑前唱的歌被乐坊整理出来，命名为《何满子》，此后《何满子》便成为断肠悲歌的代称。诗人白居易赋诗曰：“世传满子是人名，临就刑时曲始成。一曲四词歌八叠，从头便是断肠声。”

这首曲子的来历与这首曲子有关的传说，都让有关它的一切笼上浓重的死亡阴霾。张祜此诗还有一个名字就叫《何满子》。

张祜诗中的女子是宫女。宫女胸中的积怨与歌女临死前的悲愤心情是一致的，其情感如出一辙。这份积怨还不仅仅与争宠有关，还事关家园之恨。这份愁怨被《何满子》哀怨的曲调一激发，就喷薄而出，一泻千里。

前两句是宫女悲叹自己漂泊的身世。“三千里”、“二十年”，这是用距离的遥远、时间的长久增加宫女命运的不幸。宫女的经历充满了沧桑，数词的运用，使诗句的深度和重量都加深了。“故国”就是故园，在诗中与“深宫”相对。对于古代女子来讲，丈夫的家才是自己的家，也就是说皇宫才是宫女的家。家不仅是一个居所，也是灵魂的栖息地。一个“深”字，道出了诗中的宫女居住环境的幽闭、压抑，显然她不可能对这里产生“家”的认同感。回家的心理是一个人受到伤害和挫折后的本能的自我保护反应。皇宫中的女人是一群精神的漂泊者，一群在情感上无可偎依的人。千里之外的故园，才是宫女心中的家，那里有自己的家人、自己的亲人。回家的渴望正是她们痛苦的折射。“二十年”的喟叹，充满了凄楚和心酸，充满了痛苦的挣扎。

不论是如孟才人那样被赐死的宫女，还是别的宫女，“死亡”都是随时可能降临的，“千红同悲，万艳同哭”是她们共同的命运。“鸟之将死，其鸣也哀”，《何满子》是生命的绝唱，艺术的感染力是深刻的，平日里情绪备受压抑的宫女，被《何满子》一激发，就再也不能收住。即使在“君”前——这个掌握着她的生死命运、荣华富贵的人面前，泪水也哗哗流下。这一肆意而为的冲动行为是超越了心理承受底线的情感反应，超越了对死亡的恐惧，因而显得那么绝望，又是那么的无畏。

这首诗在用词上的特点是全诗仅一个动词“落”（泪），其余为名词和数词。名词和数词的使用，把事件、问题表达得更清晰、准确，使诗句简炼概括、表现力强。

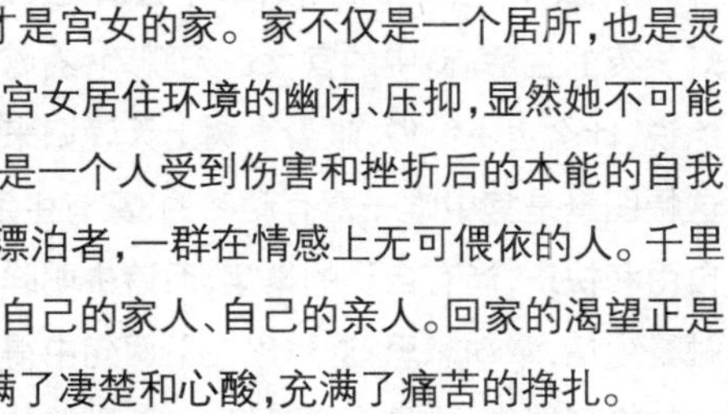

赠内人

（唐）◎张　祜

禁门宫树月痕过，媚眼惟看宿鹭窠。斜拔玉钗灯影畔，剔开红焰救飞蛾。

这是一首宫怨诗。这首诗的独特之处在于不是对准了宫女在宫廷表演中浓妆艳抹、美轮美奂的一幕，而是描写了宫女的业余休闲生活。只有在她的私生活中，才能展现这一群体的生活状态，从而揭示她们内心的孤独和命运的悲惨。

后宫佳丽三千，这三千佳丽又以其出身、姿容、才艺分为三六九等。内人，是地位很低的一级，她们是皇家艺妓，属教坊下的宜春院，由宫廷供养，其主要职能是表演宫廷歌舞，当然也有被皇帝临幸的可能。她们可能是获罪官员的家属没入庭掖，如上官婉儿；或是掠夺姿容才艺俱佳的女子入宫，如唐代著名的歌女许和子。入了宜春院，这些女子的衣食有一定保障，有的还有宅地，但生活不再自由，只是每月的26日和自己生日那天，才能见到母亲、姑姑、姐姐等亲人。

宜春院是她们的"家"，这个"家"是与外界隔绝的。诗中写道"禁门宫树月痕过"，既是禁门，必有守卫，出入都是受到督管的；既是宫树，必是遮天蔽日、荫荫郁郁。"月痕"即月影，朦胧模糊、不甚清楚。环境幽闭压抑，生活在其中的宫女过着孤灯长夜的生活。诗中的宫女百无聊赖，看着月亮升落，在处处禁闭的宫中，什么也不能说，什么也不能做，唯看高树上天晚归来栖息的鹭鸟。鹭鸟翩翩飞舞，纷纷栖落，这幅图景是宫中唯一富有动感的、富有生活气息和人情味的图景。倦鸟归巢，尚有自由和快乐，尚有自己的巢窠，而诗中明眸善睐、久久凝视鹭窠的妙龄少女，是否也触景生情，牵动愁思?这愁思在下两句中得到了充分的展现。随着时间的延伸，地点也转换到屋内。这是一幅孤灯拔钗、剔焰救蛾的图画，其中充满了隐喻。当她看到一只飞蛾落入烛火时，她产生的反应是"斜拔玉钗"，然后剔焰救蛾。我们可以说这是少女善良的本性使然，这何尝又不是少女内心真实意愿的表露。"飞蛾扑火，自取灭亡"，这些充当内人的女子，一部分本是官宦人家的子女落难，而被抢入宫，也少有是出于自己的真实愿望。命运本已坎坷，进入这宫禁森严的皇宫，就仿佛飞蛾扑火一般。同命相怜，方才有不惜玉钗，勇救飞蛾这一行动。结合全诗来看，这一行动富有丰富的象征意义。

值得一提的是，诗人对宫女姿容的描写，着墨不多而情态逼真。一是写宫女的美丽，仅用"媚眼"一词；一是写宫女姿态，用四字"斜拔玉钗"，动作优美富有动感。悲剧就是看到美好事物的毁灭，宫女越写得美丽，其命运越让人痛惜。

集灵台

（唐）◎ 张　祜

虢国夫人承主恩，平明骑马入宫门。却嫌脂粉污颜色，淡扫蛾眉朝至尊。

集灵台，即长生殿，位于骊山之上，建于唐天宝元年十月，以祀神用，后来却成了唐明皇与杨贵妃夜半私语的地方。杨妃本是玄宗十八子寿王瑁的妃子，玄宗慕其美色，召入禁中为女官，号太真，后来大加宠幸，进而册封为贵妃。杨妃得宠后，满门得势，兄弟姊妹都得封赏，权倾一时，当时都城中有歌谣唱道："生男勿喜女勿悲，生女也可妆门楣。"杨妃的三个姐姐也是美如天仙，并承恩泽，出入宫掖，势倾朝野，公主以下皆持礼相待。诗中的虢国夫人就是三姐，早年孀居，风流成性，淫荡不羁，平时就与唐玄宗眉来眼去，打情骂俏。诗人此诗即通过虢国夫人朝见君王的细节，讽刺了他们之间的暧昧关系。

要讽刺本朝的君王，自然得含蓄委婉。这首诗在字面上竭力赞美虢国夫人的美貌，但细读字的背面，却可看出种种讽刺的端倪。

虢国夫人入宫的第一个特点是越礼。百官入朝门时，必须拱手端行，威仪整肃，整个过程庄严肃穆。虢国夫人属于外戚，面君当尽臣子之仪，但是她在大白天进宫门，可以骑马，到了宫门口，可以不下马。这些特殊行为都超出了礼制，由此可以看出其宠遇之深。以她的受宠程度，大约怎样进宫唐玄宗都会允诺的。在传世的名画《虢国夫人游春图》中，描绘了天宝十一年虢国夫人及其家眷乘骑踏青游春的情景，马背上的虢国夫人体态丰姿绰约，雍容华贵。

虢国夫人入宫的第二个特点是素面朝天。其实素面朝天和浓妆艳抹一样，都是以色侍人。夫人不仅长得美艳，而且审美水平很高，充满自信。唐代妇女讲究化妆，而且强调浓墨重彩。据说现在日本艺妓就是典型的唐朝女性的妆容，脸蛋雪白，口红鲜艳欲滴，脂粉又厚又艳，连肩背也是又香又白。虢国夫人却不赶时髦，不喜欢这种妆容，她欣赏的是清水出芙蓉、天然去雕饰的自然之美。这当然源于她的天生丽质。难怪好色的唐玄宗对这位三姨情有独钟，另加宠爱。

虢国夫人以风流著称，诗人对她似褒实贬。她的任性大胆其实就是恃宠而骄的表现。对虢国夫人的讽刺是直接将矛头对准了荒淫无耻的唐玄宗，真是诗意含蓄，意旨深远。

莫愁曲

（唐）◎张　祜

侬居石城下，郎到石城游。自郎石城出，长在石城头。

此诗借乐府旧题另翻新意。《莫愁乐》是唐时流行音乐，《旧唐书·音乐志》云：“《莫愁乐》出于《石城乐》。石城有女子名莫愁，善歌谣。……故歌云：莫愁在何处，莫愁石城西。艇子打两桨，催送莫愁来。”张祜此诗应是为旧曲填的新词，以供歌人演唱的。

前二句写郎来石城的往事。“侬居石城下”只说了一个最简单的事实，但语言的意蕴深浅有时是通过它所处的语言环境而发生变化的，联系后文尤其末句，这一句起码还包含这类意思：郎来石城前，“侬”的生活是平静的，无忧无虑之中，还有一点懵然无知的味道。而“郎到石城游”这个同样简单的事实，也由于上述道理而耐人咀含。女主人公专门提及此事，暗示给聪明的读者，这是她生活中的一大事件。从此，“侬”再也不是那个长“居石城下”的“侬”了，“侬”的生活大大变样，变得有色有香有滋味了，就像所有情窦初开的少女一样，她感到了幸福和满足。

从前两句到后两句，中间略去了许多情事，无须言传，自可意会。以下一跳，写到“自郎石城出”以后“侬”的情况，那便是“长在石城头”。从字面看，这不过是表现一种怀思和盼望之情，非常平凡。然而“石城”字面的反复拨弄，很容易使读者或听众联想到许多关于石头与爱情的故事。由于石头为物坚牢经久，一向是爱情盟誓的取证之物，“君当作磐石，妾当作蒲苇”（《焦仲卿妻》），“海枯石烂不变心”，就是这样的誓言，尤其是那个女子望夫化石的古老的民间传说，令人难以忘怀。此诗中女主人公长在城头，恐怕也将化为石了。

诗得力于剪裁工夫。诗人淘尽不必要的众多情节，着重抓住“侬居石城下”和“长在石城头”的对照，刻画郎来石城前后“侬”所发生的重大变化，以少总多，语淡情浓。

苏小小歌

（唐）◎张　祜

车轮不可遮，马足不可绊。长怨十字街，使郎心四散。

苏小小是南齐时钱塘名妓。古乐府《苏小小歌》云："我乘油壁车，郎乘青骢马。何处结同心，西陵松柏下。"张祜此诗则借乐府古题以写妓女怨情。妓女也有爱情，但她们的身份决定了这种爱情具有不稳定性。她们的相好中固亦有多情公子，但往往薄幸者居多，真心救风尘者为数甚少。

这首小诗一开始就是分离的情景，情郎驾上车马就要远去了。也可能是"油壁车"投东，"青骢马"向西，总之是鸳鸯拆散，劳燕分飞，从此别易会难。"车轮不可遮，马足不可绊"，开口就怨，怨车轮不生四角，怨马足不能羁绊。其实车马何辜，只是郎之去意已决，断难挽留。车难遮，马难绊，人去街在。女主人公对车马奈何不得，转而又迁怒于十字街，埋怨它的存在，使情郎难收放浪之心。即此而言，这与刘采春所唱《啰唝曲》"不喜秦淮水，生憎江上船。载儿夫婿去，经岁又经年"同属无理而妙。"十字街，四散开"，说"长怨十字街，使郎心四散"，还妙于双关，这双关语富于独创性，尤令人解颐。面对这天真的赖诬，"十字街"将百口莫辩，何况无口！

此诗措语颇能展示人物微妙的心理活动。车马可怨，十字街可怨，郎岂不可怨？而独不怨郎，此意已在其中。"使郎心四散"句，见女主人公明知情郎用心不专，然而终不忍直斥其非，或干脆一刀两断。此事的可悲，不在她已看出对方的薄幸，而在她看到这一点时，仍痴心爱着他，护着他。二十字画活出一个人的情态，实在是佳作！

秋 夕

（唐）◎杜 牧

银烛秋光冷画屏，轻罗小扇扑流萤。天阶夜色凉如水，坐看牵牛织女星。

杜牧（803—852），字牧之，京兆万年（今陕西西安）人。宰相杜佑之孙。大和二年（828）进士，授弘文馆校书郎。同年随传师沈赴宣州。七年任淮南节度府推官，转掌书记。九年回京任监察御史，后分司东都。开成中回京。会昌二年（842）后出为黄州、池州、睦州等地刺史。大中二年（848）擢司勋员外郎，转吏部员外郎，四年复守池州。五年入为考功员外郎、知制诰，次年为中书舍人。有《杜樊川集》（《樊川文集》）。

诗题为《秋夕》，一题作《七夕》。七夕，农历的七月七日，被称为中国的“情人节”。按照这个诗题，当是写年轻人卿卿我我、恩恩爱爱的，在这个特殊的日子里，这个年轻的宫女却不能享受正常爱情生活，诗中所写的是一幅孤独冷清的场景，一个没有情人的情人节。

诗中的景色是凄清的。“银烛”是烛光色白，白色的光芒有寒冷之意。“秋光”，秋天的夜晚也是寒意渐浓，月光也是一轮清辉。想来蜡烛放置在桌子上，影子投射在画屏上，映出的微弱惨淡的烛光，使整个环境昏昏惨惨。这是室内的情景。第二句“轻罗小扇扑流萤”，宫女从屋内到屋外去了。这一场景的转换是因宫女受不了屋里的寂寞与孤独，看到屋外星星点点的萤火虫，就想到扑萤火虫打发时光。这一句中的扇子很有象征意义。自从班婕妤做了一首《怨歌行》，用扇子来比喻自己的失宠后，团扇就成为失宠宫女的象征物了，在诗词中常常出现。萤火虫飞舞，宫女在后面追逐扑打，富有动态，把一个青春女子的活力和优美的身姿都刻画出来。而在这个男女欢爱的日子里，她只有与那些虫儿做伴，连一个说话的人都没有，她美丽的身影就越发孤独，让人可怜。

“天阶”是指皇宫中的台阶。到了深夜已是如水冰凉，当她跑累了的时候，不是回到屋里去，而是依然在清冷的外面坐着，就更显出她的孤单。为什么不回屋？屋里只有惨白的烛光，除了冷清还是冷清，没有温暖也没有让她牵挂的东西。不能入寐是失宠宫女常有的现象，其中的愁苦与哀伤，在宫怨诗中我们已读到太多太多……她坐在台阶上，抬头看天上的牵牛织女星，她的心事已从这一动作中流露出来。她并非不知道今天是七夕节啊！在她孤苦零丁的生活中，虽然已没有了自由的身体，可是没有什么能阻止一个青春少女对爱情的向往和幻想。

这首诗一句写景一句写人，写景突出一个“冷”字、一个“凉”字，写人突出宫女的动作——“扑”字和“坐”字，准确地表现了宫女的孤单与寂寞。诗意含蓄蕴藉，宫女的凄凉心情无声地传递出来。

汉宫词

（唐）◎ 李商隐

青雀西飞竟未回，君王长在集灵台。侍臣最有相如渴，不赐金茎露一杯。

在中国历史上，不论再优秀的帝王，到了晚年也多是炼丹求仙，不理朝政，寻找长生不老之术。这首宫词也是一首咏史诗。

诗中所说的皇帝是汉武帝。汉武帝是中国历史上一代帝王，叱咤风云，功名显赫。他 16 岁称帝，亲率 18 万大军北巡边关，威震匈奴，又打通西域，开拓丝绸之路，在他统治期间，汉朝国力强盛，四方来朝。就是这样一位明君，晚年却昏愦无比，一心只想成仙。东汉成书的《汉武帝内传》以及其他典籍中详尽记录了汉武帝求仙之事。他曾祭祀名山大泽，以求神仙之道，其中汉武帝斋戒见西王母、受神仙不老术的故事很著名。传说公元前 110 年 7 月 7 日，汉武帝在承华殿斋戒，忽然西方飞来青鸟，聚集在殿前，接着西王母就翩翩下凡了。二人在殿上探讨了长生不老之术，西王母还赠送给汉武帝五颗蟠桃。

从诗中看，当是写这次相会后汉武帝渴望再次相会的情景。“青雀”即是青鸟，传说中的信使。信使回去后再也没有来，“竟”将汉武帝焦急盼望、惆怅失落的心理描绘得淋漓尽致，以致一代大帝长时间的等待。一个“长”字，描绘了汉武帝频繁地在集灵台出现，长时间在这里等候的情形。耐人寻味的是“集灵台”这个宫殿名。集灵台是唐代的宫殿，也就是著名的长生殿，建在骊山之上。此殿建于唐天宝元年十月，以祀神用，“灵”就是指仙人，“集灵”，汇集仙人的意思。后来这里成了唐明皇与杨贵妃夜半私语的地方。汉武帝当然也建造了求仙之所，不过位置在建章宫中，名字是神明台。精通文史的李商隐不可能不知道这一点吧。为什么用唐代的宫殿来指代汉代的宫殿？其中的讽刺意味不言自明。

李商隐(813—858)，字义山，号玉溪生。祖籍怀州河内（今河南沁阳），自祖父起迁居郑州（今属河南）。九岁丧父，从堂叔学习古文。大和三年(829)为令狐楚辟为幕僚。开成二年(837)登进士第。三年入泾原节度使王茂元幕，且入赘王家。为牛党中人所忌，致使仕途蹭蹬，长期辗转于幕府。有《李义山集》。

当帝王沉浸在求仙之中时，周围的一切都不以为意了。与他的专心致志相对的，是他对侍臣的忽略。“相如渴”是指司马相如有消渴症，也就是糖尿病。副词“最”表明了侍臣口渴难忍，急需一杯救命水，可是汉武帝却根本不顾及。“金茎露”就是指水，盛于承露盘之中。汉武帝修建的神明台高五十丈，台上有九间屋子，在屋子之上又有承露盘，高二十丈，大七围，用于接贮“云表之露”。君王的职责就是管理好他的国家，可是沉迷在求仙活动中的帝王连身边的侍臣都不顾及，哪里还顾及天下苍生呢?

咏史诗都是借古讽今，唐代的皇帝们也是热衷于长生不老之术的。李商隐生活时代的唐武宗也不例外，他迷信道教，排斥佛教，筑望仙台、服食长生药，常常与道士聚会，大权旁落。这位27岁即位的皇帝，在33岁时就因服食丹药而死。李商隐一边为君王不理国政担忧，一边也借此抒发自己心中的郁闷。为什么呢? 因为李商隐常用相如自比，而他在党争当中却处处受挫，纵有盖世才华，也难以得到君王的赏识。这一层意思十分婉曲，这也正合诗骚比兴之意。

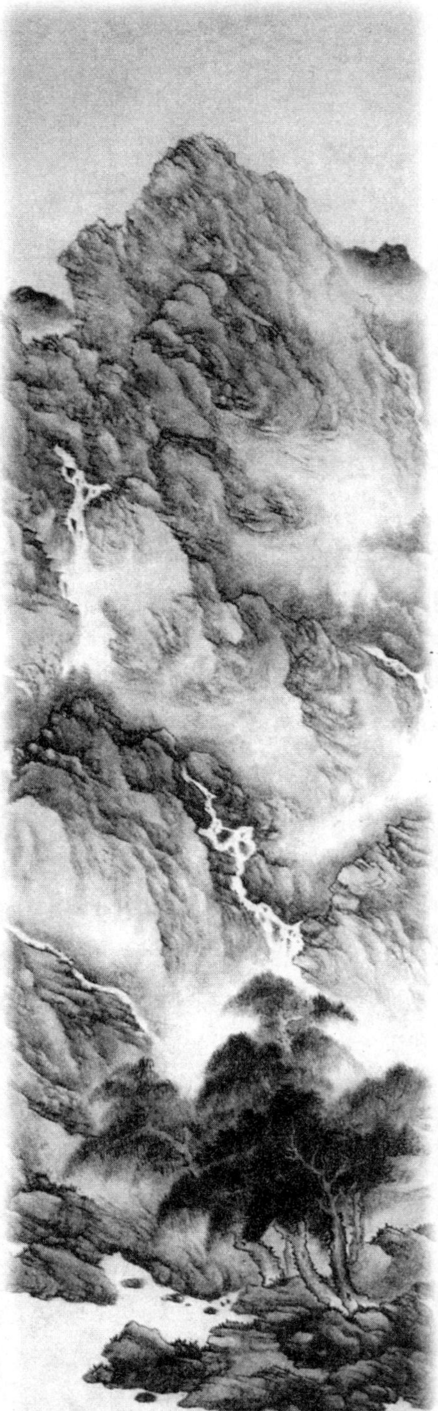

新上头

（唐）◎ 韩　偓

学梳松鬓试新裙，消息佳期在此春。为爱好多心转惑，遍将宜称问傍人。

韩偓（844—923），字致尧，一作致光，小名冬郎，号玉山樵人。京兆万年（今陕西西安）人。昭宗龙纪元年（889）登进士第。官至中书舍人、吏部侍郎。有《玉山樵人集》《香奁集》。

古代女子年十五始用簪束发，表示成年，叫“上头”。韩偓这首诗，以鲜明而富有个性的人物形象和细腻生动的心理刻画，写得饶有情趣和富于哲理，历来为人们所传诵。

诗写一位快满十五岁的姑娘在学梳“松鬓”(松松地贴在两鬓的头发，一作“蝉鬓”)，试穿新裙，因为就在这个春天，她很快就要举行“上头”礼了，她想把自己打扮得漂亮些。然而，由于过分爱好，反复打扮，她反而不知怎样才算漂亮了，于是到处去问旁人，究竟该怎样才好。诗歌很短小，但却一波三折，诗情婉转，读来生动有味。

诗人用富有特征性的行动，来生动地描写这位姑娘的形象。先是像电影一样推出一个特写镜头：一位年轻的姑娘正在对镜梳妆打扮，反反复复，不厌其烦。这位姑娘为什么要这样打扮自己呢?原来是为了迎接一生中重要的“上头”佳期的到来。这两句是因果倒装，逆笔推挽，不仅使诗句显得跌宕生姿，更重要的是突出了这位姑娘认真打扮自己的动作，体现了爱美的性格。同时，第二句又暗用春天来衬托年轻姑娘的朝气蓬勃，使这个形象充满生机，写出了活泼可爱的精神状态。三句“为爱好多心转惑”是全诗的关键，这一转折，不仅是绝句“起承转合”的需要，同时也是依据主人公心理的逻辑变化。这位姑娘开始一意爱好，然而求之过急、过深，难免“转惑”，不知怎样才好了。对于一个只有十五岁还是少不更事、缺乏主见的姑娘来说，这种变化尤其十分自然。作者通过细腻的刻画，不仅进一步写活了这位女子，同时也指出了一种普遍的人之心态，具有更为广泛的意义。而最后一句“遍将宜称问傍人”，又是这种疑惑心理的延伸。唐代诗人朱庆馀有一首《闺意献张水部》的绝句写新婚女子“低声问夫婿”，可见不同年龄、不同处境的人，即使遇到类似情况，也各有不同的心理。两诗对观，可见其中道理，而更饶风趣。

深院

(唐)◎韩　偓

鹅儿唼喋栀黄嘴，凤子轻盈腻粉腰。深院下帘人昼寝，红蔷薇架碧芭蕉。

韩偓用一支色彩浓重的画笔写景咏物，创作出不少别开生面的作品，《深院》就是其中之一。由为大自然山川的浑灏的歌咏，转入对人的居住环境更为细腻的描写，似乎标志写景诗在唐末的一个重要转机。从此以后，我们就能听到许多“庭院深深深几许”的歌唱了。

“深院”之“深”，似乎不仅是个空间的观念，而且攸关环境气氛。一般说，要幽才能“深”，但诗人笔下却给我们展示了一幅闹春的小景：庭院内，黄嘴的鹅雏在呷水嬉戏，美丽的蛱蝶在空中飞舞，红色的蔷薇花与绿色的芭蕉叶交相辉映……作者运用“栀黄”、“腻粉”、“红”、“碧”一连串颜色字，其色彩之繁丽，为盛唐诗作中所罕见。“栀黄”（栀子提炼出的黄色）比“黄”在辨色上更加具体，“腻粉”比“白”则更能传达一种质感（“腻”）。这种对形象、色彩更细腻的体味和表现，正是韩诗的一种特色。诗中遣词用字的工妙还不止于此。用两个带有“儿”、“子”的缀化词：“鹅儿”（不说鹅雏）、“凤子”（不说蛱蝶），比这些生物普通的名称更带亲切的情感色彩，显示出小生命的可爱。“唼喋”、“轻盈”一双叠韵字，不但有调声作用，而且兼有象声与形容的功用。于鹅儿写其“嘴”，则其呷水之声可闻；于蛱蝶写其“腰”，则其翩跹舞姿如见。末句则将“红蔷薇”与“碧芭蕉”并置，无“映”字而有“映”意。凡此种种，足见诗人配色选所、铸词造句的匠心。

看到这样一幅禽虫花卉各得自在的妙景，真不禁要问一声“君从何处看，得此无人态”（苏轼《高邮陈直躬处士画雁二首》）了。但这境中真个“无人”？否，“深院下帘人昼寝”，人是有的，只不过未曾露面罢了。而正因为“下帘人昼寝”，才有这样鹅儿自在、蛱蝶不惊、花卉若能解语的境界。它看起来是“无我之境”，但每字每句都带有诗人的感情色彩，表现出他对这眼前景物的热爱。同时，景物的热闹、色彩的浓烈，恰恰反衬出庭院的幽静来。而这，才是此诗经得起反复玩味的奥妙之所在。

那“昼寝”的人大约是中酒而卧吧，晏殊《踏莎行》的后半阕恰好是此诗的续境：“翠叶藏莺，朱帘隔燕，炉香静逐游丝转。一场愁梦酒醒时，斜阳却照深深院。”

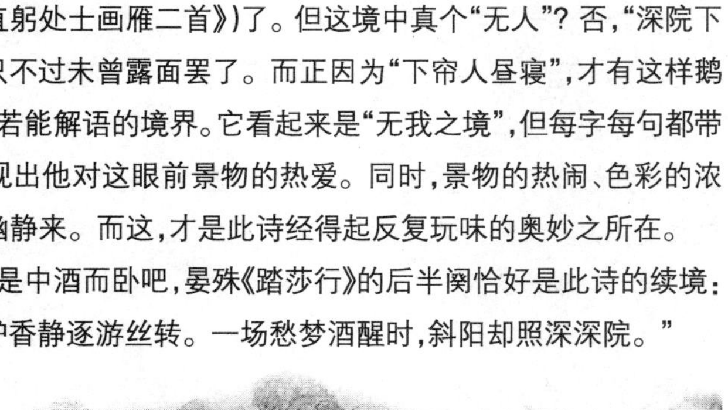

闺 情

（唐）◎ 韩　偓

轻风的砾动帘钩，宿酒初醒懒卸头。但觉夜深花有露，不知人静月当楼。何郎烛暗谁能咏？韩掾香焦亦任偷。敲折玉钗歌转咽，一声声入两眉愁。

这首语言清新、优美的七律，描写了一位女子“宿酒初醒”后，在月下楼头徘徊的情景，表现出孤独、迷惘而又矛盾的内心，不胜幽怨凄切之至。细味之，其中也隐含着政治比兴意义。

前两句的地点是在闺室之中。上句交代这位女子居室的清幽环境：夜里，轻风吹进卧室，帘钩轻轻响动，在月光的映照下显得很明亮（“的砾”，明亮貌）。下句写女子初醒后的愁闷：也许是轻风吹动帘钩的响声，把她从醉梦中唤回，她醒来了，满头还戴着首饰，但她还不想卸下。“宿酒初醒”，说明她在黄昏或初夜时，刚刚参加过一个宴会，在热热闹闹中，酒喝得不少，回来不等卸头倒头便睡。酒醒后伴饮的人儿虽已不知去向，但那热闹的场面好像还在眼前。她还在苦苦追忆那过往的一切，然而那一切似乎很近却又遥远，似乎清楚却又迷茫，越思越想，就越增加了心头的怅惘，只能坐着发愣。这一联措意十分婉曲，用清幽的环境来旁衬女子的孤独，用藏在字面之后的热闹的宴饮场面来反衬酒醒后的凄凉，把一位十分幽怨的女子的形象鲜明地凸现出来，充满着忧伤的气氛。

后三联的场面转移到居室之外的月下楼头，深入具体地表现了女子的忧伤和满腹心事。“但觉夜深花有露，不知人静月当楼”这一联是转换一个环境，来继续烘染女子的孤独。她站在楼头，觉得夜深露重，花上不时滴下露水，有如人之掉泪。而此时，那月亮却不理会孤独者的心事，偏偏当楼照着，怎不叫人格外凄伤？“夜深”、

"人静",一位女子还在楼上独自徘徊,其心事重重,可想而知。第三联就含蓄地写出她的心事:"何郎烛暗谁能咏?韩掾香焦亦任偷。"作者用了两个典故:一个是南朝梁何逊《临行与故游夜别》一诗中有"夜雨滴空阶,晓灯暗离室。相悲各罢酒,何时同促膝"之句,后因把"何郎烛暗"用作伤离别的典故;另一个是西晋韩寿的故事,据《世说新语·溺惑》:"韩寿美姿容,贾充辟以为掾。充每聚会,贾女于青琐中看,见寿,说之。……后婢往寿家,具述如此,并言女光丽。寿闻之心动,遂请婢潜修音问。及期往宿。寿跷捷绝人,逾墙而入,家中莫知。自是充觉女盛自拂拭,说畅有异于常。后会诸吏,闻寿有奇香之气,是外国所贡,一著人即历月不歇。充计武帝(司马炎)唯赐己及陈骞,余家无此香,疑寿与女通。……乃取女左右婢考问,即以状对。充秘之,以女妻寿。"后遂用作男女偷情的典故。这两句是倒装,意思是自己过去和一位男子相知,有如鱼水,任情相爱,而今一旦离别,心情极为悲伤,连写诗吟咏也做不到了。通过这一联的暗示,读者恍然明白,原来她的情人忽然离去,使她心中充满着悲伤、孤独的情绪。这种情绪在月下楼头更为强烈,但又无人可诉,她只好"敲折玉钗歌转咽,一声声入两眉愁"了。她拔下头上的玉钗敲击栏杆,应着节拍轻轻唱起倾诉离情的歌来,声音愈来愈悲咽,直到玉钗被敲断,歌声也由伤感变为哀愤,皱起的眉头显出了无限的愁苦。至此,一位因情人离去而痛苦万分、在孤独中悲愤不已的女子的形象,更加清晰地出现在读者面前,低咽、凄伤的诗情动人心魄。

后三联在描写这位女子的形象、进一步揭示其内心时,可谓婉而又婉,曲之又曲。在第一联的基础上,先是以"夜深"、"人静"的环境,在月下楼头,继续烘染女子的孤苦,酝足气氛,这比第一联坐在室内发愣又深入一步。接着,使用两个典故,暗中示意,结清题目《闺情》所包含的离情别恨,使有限的文字蕴含着丰富的内容,耐人品味;而且在倒装中逆笔取势,句法矫健而有变化,突出了"何郎烛暗谁能咏"的别绪离愁,加强了全篇的悲愁情绪。最后,又用低咽的歌声把女子内心的悲苦彻底发露出来,那"咽"字、"愁"字中,悲苦之情,深入骨髓,使人不忍卒读。

这首《闺情》诗其实是别有寄托的。韩偓在唐末中进士后,历任翰林学士、兵部侍郎等职,很受昭宗李晔的信任,后来为朱全忠所排挤,贬为濮州(今山东曹县)司马。朱全忠灭唐以后,他携家流落福建南安县,无所依靠。这时,原在福州任唐朝威武军节度使的王审知已经建立闽国,据有福建,自为闽王,他邀请寄居南安的韩偓到福州去。但韩偓想到过去昭宗知遇之恩,内心斗争十分激烈。施蛰存先生说:韩偓"癸酉年(913,七十岁)在南安县作的《闺情》,也用'懒卸头'……既然是用在南安县,可知作者当时的情绪是正在考虑要不要到福州去依附王审知。'懒卸头'即不想改装……'宿酒初醒'是指在长安时的政治生活,犹如酒醉一场。"(见《唐诗百话》)这样,在使人感动的离愁别恨的掩饰下,全诗还隐藏着深刻的政治内容。

写真寄外

（唐）◎ 薛　媛

欲下丹青笔，先拈宝镜寒。已惊颜索寞，渐觉鬓凋残。泪眼描将易，愁肠写出难。恐君浑忘却，时展画图看。

薛媛(？—？)，濠梁（今安徽凤阳）人南楚材之妻。懿宗咸通前在世。

“写真”就是画像。“寄外”就是寄给在外的人，这里是指她的丈夫。现在人在外常把家人的照片放在身上，做个念想儿。古代没有照相术，画像就是代替物了。对于妇女而言，画像更有特殊的含义，那就是获得爱情。这首诗的作者薛媛是晚唐的一位才女，嫁与濠梁（今安徽凤阳）人南楚材。与汉代才女卓文君的命运一样，她的丈夫在外日久，当颍（今河南许昌）地长官想把女儿许配给他时，他就有了停妻另娶之意。也与卓文君一样，她写了这首情真意切的诗，用才情打动了丈夫。她的丈夫读了这首诗之后，内心感到非常惭愧，打消了休妻之意。薛媛用自己的才情挽救了自己的婚姻。

全诗都是写自己的心理活动。诗一开始就写得曲折，“欲下丹青笔，先拈宝镜寒”，诗人的心情徘徊婉转，想要画一幅，握起笔却又犹豫不决。还是先拿起宝镜来照照自己的容颜吧，宝镜握在手里，一股寒意传递到手上。此时，诗人心中也是酸楚苦涩的，丈夫移情别恋，自己还能挽回他的心吗？这股寒意也来自诗人看到镜中容颜的感受。女为悦己者容，古代女子的容貌对于维系夫妻感情非常重要。诗人对自己容貌的关注也是她对自己爱情的珍惜、对爱情的挽留。可是当她看到镜子中的面容时，不禁大吃一惊：自

己的容貌已经失去了光华，形容枯槁、面色晦暗。“索寞”一词此处用来形容女子的容颜不再美丽。鲍照《乐府诗集·拟行路难》:“今日见我颜色衰，意中索莫与先异。”亦即此意。色衰而爱弛，这一打击使诗人失去了自信，手握宝镜的寒意已变成了内心的寒冷。“渐”字体现了时间的流动，她在端详自己的时候发现不仅仅是面容已经衰老，进而发现两鬓的头发已经稀疏，不再是乌发如云，流光四溢。

如此形象入得图画怎么能打动已经有他心的丈夫？真让人为这位女子的命运担心啊!可是如此形象正是一个在家的思妇忠贞守节、形容憔悴的最好写真。问世间情为何物，直教人生死相许。“泪眼描将易，愁肠写出难”，更是写得千回百转，愁肠百结。诗人的心理从“惊”到“愁”，外在为汩汩滔滔的泪水。也许她不及那个官宦女子年轻美貌，也不及她的家庭有权有势，但是她对丈夫一片痴心却是无人能及的。她动人的地方在于她独守空闺、终日以泪洗面的哀伤。她进一步告诉丈夫，画这样一幅图画太简单太容易了，要写出我心中的愁思却是太难了。你看到的只是我憔悴的容颜，你看不到的是我那忧伤的心！这一句力穿纸背，是一个女子用她的生命在吟唱。诗人没有一句对丈夫的责怪，只写自己的愁思哀伤，非常凄婉。

“恐君浑忘却，时展画图看”，前面已浓墨重彩地铺垫自己的思念、忧愁、哀伤的情绪，诗人进而写作画的原因。这并不是一幅美人图，这只是你的妻子在家中终日以泪洗面的一幅画。为什么要作这样一幅画呢？是怕你忘记我，怕你忘记了你的妻子在家等着你、想着你。你时时展开图来看，就会想起家中的妻子。“恐”字写得很委婉，不点穿事实，只写自己的担心，分寸拿捏的很得当，所以最终赢回了丈夫的心。

情真所以感人。如果要说这首诗的艺术特点，那就在于心理刻画很细致，富于转折，感人至深。

春宫怨

（唐）◎ 杜荀鹤

早被婵娟误，欲妆临镜慵。承恩不在貌，教妾若为容？风暖鸟声碎，日高花影重。年年越溪女，相忆采芙蓉。

杜荀鹤(846—904)，字彦之，号九华山人，池州石埭（今安徽石台）人。早年读书九华山，累举进士不第，漫游闽越、荆楚、梁宋等地，复归隐山中15年。昭宗大顺二年(891)登进士第。天祐元年(904)朱温奏为翰林学士、主客员外郎，旬日病卒。有《唐风集》。

这首诗“风暖鸟声碎，日高花影重”一句历来为人所称赏，但作为一首宫怨诗，这首诗整体上来看，也是比较独特的。

一般的宫怨诗只写忧伤和哀愁，而这首诗中的宫女是非常冷静和清醒的。第一，她意识到美貌误人、被选入宫并不是一件好事，因而叹息自己的一生都被美丽耽误了，于是想要打扮一下，可临近梳妆镜又倦怠慵懒了。“早”表明她入宫多年了，暗含她经过多年的宫廷生活，对其中的潜规则已是清清楚楚，所以才有如此感喟。第二，她意识到能不能得到宠幸还有很多其他的因素在起作用，容貌并不是关键因素。一句反问“教妾若为容”即可见出。第三，当她明确知道承恩已不可能时，就产生了强烈的归去思想。这些都与很多宫怨诗中的女子无法自我解脱完全不同。

“风暖鸟声碎，日高花影重”以其对仗工整、色彩艳丽为人称道。这一句在这首诗中也是至关重要的一句，它起着承上启下的作用。这两句是宫女回忆家乡的美丽景色：明媚的阳光下风暖暖地吹着，鸟儿叽叽喳喳地叫着，花儿层层叠叠开得繁茂。在宫中失意的女子，产生了归去的心理。“年年越溪女，相忆采芙蓉”，当宫女在宫中寂寞地度日时，家乡的荷花年年盛开，家乡的伙伴们一定在想念和我一起采莲的美好时光。最后一句是很婉曲的，它是一句流水对，非常耐人寻味。第一，明明是她想念家乡了，却说是家乡的女伴想念她了。第二，采芙蓉不仅充满了青春的动感，还在思想上有着另一层含义。中国古代民歌中，芙蓉是与情恋母题有关的植物意象，它常被用来表达心中的爱慕之情或相思之苦。比如诗人枚乘著名的《涉江采芙蓉》一诗，就是以芙蓉来寄思念之情。在宫中得不到爱情的宫女，自然会回忆起年轻时那无拘无束的快乐时光。

这首诗或许看成文人以宫女自况的诗更好，诗中所揭示的宫女承恩不在容貌正与文人是否得志并不凭才学一样，宫女承恩不成的归去思想也非常符合中国文人的隐退思想。

孟迟(？—？)，字迟之，平昌(今山东商河县西北)人。武宗会昌五年(845)登进士第。后为浙西掌书记，以罹谗罢。宣宗大中时，为淮南节度使崔郸奏为掌书记。有《孟迟诗》。

长信宫

(唐)◎孟　迟

君恩已尽欲何归？犹有残香在舞衣。自恨身轻不如燕，春来还绕御帘飞。

这首宫怨诗选取的角度很巧妙，巧在它截取了宫女失宠的短暂时段，描写了失宠宫女不愿离去的心理，诗人还委婉地以宫女自况，表达了臣子忠于皇帝的感情。

全诗都围绕着“归何处”来着笔。开篇设问“君恩已尽欲何归”，君王已经不再宠幸自己了，我到哪里去呢？以后的生活怎样安排和度过呢？……一些平时得宠时想也没有想过的问题现在都堆在自己的面前了。第二句理当回答去何处的问题吧，却转而写带着残香的舞衣。当宫女收拾自己的行装，检点旧日舞衣时，不禁勾起伤感之情，衣服上余香尚存，人却已是恩断义绝了，世事难料的挫败感、物是人非的沧桑感都流露了出来。第三句给人以悬念，依然没有写宫女去哪里的现实问题，而是写宫女的心理活动：怨恨自己不如那轻盈的燕子。为什么呢？第四句给出了答案：因为那些燕子每到春来，总是绕着御帘飞舞。到这里答案出来了：她还是想着侍奉君王，不愿去别的地方。真是情深意切、忠贞不二啊。这又何尝不是诗人的自况之词呢？

王昌龄有“玉颜不及寒鸦色，犹带昭阳日影来”句，与此句子类似，但多了一层忧怨。而此诗却想象能像燕子那样飞到君王身边，表现的是对皇帝忠贞不渝的感情。爱情是排他的，后宫三千佳丽，能与皇帝产生真挚的爱情的宫女少之又少。被弃之后依然痴心不改的女子，与其说是皇帝曾经的爱妃，不如说是大臣忠心耿耿的形象写照。

在封建社会里，皇帝与国家是相等的，忠于帝王就是忠于国家，不论宠辱加身，他们都安之若素，忠心不改，如屈原、贾谊等。这首诗也是以宫女被弃喻臣子被皇帝冷落，不再受到重用；又以宫女不愿离去，比喻自己的忠心耿耿。

题红叶

（唐）◎ 宣宗宫人

流水何太急，深宫尽日闲。殷勤谢红叶，好去到人间。

宣宗宫人（？—？），事迹不详，《全唐诗》存诗1首。

哪个少女不怀春？田野里巷的少女，可以尽情地把情歌唱。《乐府诗集》中的那些民歌，记录了她们的爱情故事。有“鱼戏莲叶”的两情相悦，有“摩捋郎须，看郎颜色”的肌肤之亲……而后宫佳丽三千人，几人能得遂心愿？万仞宫墙，关得住青春的身体，关不住青春的向往，一些知书识字的宫女，常把满怀幽怨写在诗里，这些诗偶然传出宫外，就被人收集起来。《全唐诗》中就收录了德宗宫人、宣宗宫人、宝历宫人等的题叶诗。宫闱春情锁不住，红叶荡漾到人间。这些宫怨诗出自宫女的亲身体验，真切展现了宫女的心声。

唐代后宫极盛，宫女常有四五千人之多。宫中女子不得婚配，甚至大臣都上书请求释放宫女。这一话题甚至演绎出了许多爱情故事，比如“纩衣缘”的故事。这个故事说唐玄宗命宫女们为边关将士缝制棉衣。有位宫女自伤身世，情不自禁地在棉衣上缝了一首诗：“沙场征戍客，寒苦若为眠。战袍经手做，知落阿谁边？蓄意多添线，含情更著棉。今生已过也，重结身后缘。”此事经层层奏报到朝廷，玄宗责令在宫中查究写诗人。那个写诗的宫女为了不连累别的姐妹，主动站出来承担。谁知李隆基不但没有惩罚她，反而把她许配给了那位收到棉衣的军士。“红叶题诗”的故事更为普遍，甚至被演绎成宫女与才子隔墙相恋的故事。虽然版本不同，但情节大体相近。

《本事诗》中，演化的是肃宗时诗人顾况与妻子的爱情故事。据说，顾况某次与友人游园，于流水中得到一张大梧叶，上面有诗一首："一入深宫里，年年不见春。聊题一片叶，寄与有情人。"顾况见了知是宫女之作，同情之余，取叶题诗，泛于波中："愁见莺啼柳絮飞，上阳宫里断肠时。君恩不禁东流水，叶上题诗寄与谁？"十多天后，顾况的友人又给他带回一红叶题诗："一叶题诗出禁城，谁人酬和独含情？自嗟不及波中叶，荡漾寻春次第行。"后来顾况娶了一位被遣出宫的姓韩的宫女，一次韩氏在顾况的书箱中发现这两张梧叶，非常惊讶，因为此诗正是她自己所题，而顾况所题红叶诗，她也珍藏着。真是浪漫啊！

《太平广记》和《山堂肆考》里，时间变成了唐僖宗时，男主角变成了书生于佑，女主角是宫女韩翠苹。一个深秋季节，有个宫女韩翠苹，看见红叶飘落，感伤身世，便捡起一片红叶，题上一首诗："流水何太急，深宫尽日闲。殷勤谢红叶，好去到人间。"书生于佑正在御沟桥头散步，看完这首题叶诗，他也取叶题上两句："深宫叶上题红怨，付与清流欲寄谁？"这片红叶居然又流进了皇宫，恰巧被韩翠苹拾得，这位从未获得爱情的宫女，终日相思，悠然神往。后来宫中释放大批宫女，韩翠苹嫁给于佑为妻。又是一个有情人终成眷属的故事。

在《云溪友议》和《古今诗话》等书里，故事一样，只是时间到了唐宣宗朝，男主角变成了舍人卢渥。而在《侍儿小名录》中，时间到了德宗贞元年间，男主角叫贾全虚，即全是虚构的。纵观中国历史，有这些轶事佳谈的也就是在开明的唐代才有了。而这些故事的流传，仿佛都是做为皇恩浩荡的典范，而其实红叶题诗的故事，何尝不是对灭绝人伦的皇权的控诉呢?

就《题红叶》诗而言，其艺术性是较强的。诗的开篇是问流水：你为什么总是急急忙忙，匆匆流去?你在为何事而忙?诗人将昼夜不停的流水比喻成一个忙忙碌碌的人。对比自己，不禁感慨万千：我在深宫当中，冷冷清清，无事可做，闲愁似海，度日如年。"闲"就是无用的表现，这个"尽日闲"的宫女，显然已是深宫大院中的多余人，她无缘真正进入后宫的生活。她这一被抛离的生存状态，在与流水的忙碌的对比中表现出来。

渴望脱离这里的心理又通过一个细节表现出来。那一片红叶是美好的象征，宫女看到它时，不禁产生了怜惜之情：你怎么也如我一样不幸落在了帝王家？宫女将红叶放入水中，并殷勤地祝福它随流水流出这宫苑高墙，流到人间去。和"人间"相对的是什么?一个是"天上"，一个是"地狱"。在旁人看来如"天上"一般的皇宫，在宫女心中也许真如"地狱"一样恐怖。

不直说宫女现存的处境，不直写宫女的渴望，而是通过一个极富有象征意义的动作委婉地表现出来，委婉曲折，何其妙也。

幽恨诗

(唐)◎ 安邑坊女

卜得上峡日，秋江风浪多。巴陵一夜雨，肠断木兰歌。

安邑坊女(?—?)，事迹不详，《全唐诗》存诗1首。

杨慎认为："诗盛于唐，其作者往往托于传奇小说、神仙幽怪以传于后，故其诗大有绝妙古今一字千金者。"(《升庵诗话》卷八)随后他"试举一二"时，第一例就是这首《幽恨诗》。此诗作者姓名已佚，旧说"仙鬼"诗，其实依据诗作本身与有关传说，大致可以推定诗中主人公当是巴陵(岳阳)一带的女子，诗的内容是抒发"幽恨"之情，诗的情调颇似南朝小乐府中的怨妇诗。

诗开篇就写一个占卜场面。卦象呈示的很不吉利：上峡之日，秋江必多风浪。这里谁占卜？谁上峡？均无明确交代。但读者可以意会：占卜的是诗的主人公——一位幽独的女子，而"上峡"的，应该是与她关系至为密切的另一角色。从"幽恨"二字可以推断，这个角色或是女子的丈夫，大约因为经商，正从巴陵沿江上峡做生意去。

上水，过峡，又是多风浪的秋天，舟行多险。这位巴陵女子的忧虑，只有李白笔下的长干女可相仿佛："十六君远行，瞿塘滟滪堆。五月不可触，猿声天上哀。"一种不祥的预感驱使她去占卜，不料得到了一个使人心惊肉跳的回答。

这两句写事，后两句则重在造境。紧承上文，似乎凶卦应验了，淫雨大作，绵绵不绝。"一夜雨"意味着女主人公一夜未眠。听着帘外潺潺秋雨，她不禁唱出哀哀的歌声。南朝乐府的《木兰辞》，本写女子替父从军，但前四句是："唧唧复唧唧，木兰当户织。不闻机杼声，惟闻女叹息。"此处活用其意，是断章取义的手法。那幽怨的女子既不能安睡，又无心织作，唯有长吁短叹，哀歌当哭。雨声与歌声交织，形成分外凄凉的境界，借助这种气氛渲染，有力传达了巴陵女子思念、担忧和怨恨的复杂情感。诗正写到"断肠"处，戛然而止，像一个没有说完的故事，余韵不绝。

菩萨蛮(录三)

(唐)◎ 温庭筠

温庭筠(812?—867?),本名岐,字飞卿,太原祁(今山西祁县)人。少负才华,"能逐弦吹之音,为侧艳之词",因忤权贵而累试不第,曾为方城尉、隋县尉、国子监助教等微职。为晚唐词坛巨擘,亦有诗名,与李商隐齐名称"温李"。有《温飞卿诗集》,近人王国维辑《金荃词》。

其　一

小山重叠金明灭,鬓云欲度香腮雪。懒起画蛾眉,弄妆梳洗迟。　照花前后镜,花面交相映。新帖绣罗襦,双双金鹧鸪。

温庭筠是第一个专力从事词体创作的文人,也是奠定词的传统作风的作家。最能代表温词特色的是客观描写种种精美意象而无层次脉络可循的一类词作。俞平伯先生云:"飞卿之词,每见取可以调和的诸印象而杂置一处,听其自然融合。在读者心眼中仁者见仁,智者见智,不必问其脉络神理如何,而脉络神理按之则俨然自在。"(《读词偶得》)《菩萨蛮》便是典型的例子。

本篇写一女子晨起梳妆。"小山"一辞,至今有两种解释。一说为眉妆之名目(毛熙震《女冠子》"不语檀心一点,小山妆"),如是则"重叠"意即蹙额(唐诗有"双蛾叠柳"之语),"金"则指额黄("檀心一点")而言,额黄为散发微掩,在"明灭"显隐之间。一说为屏山(作者同调"枕上屏山掩"),如是则"重叠"是画屏上之山形,以金线刺绣而成,故受光不一,在阳光下"明灭"闪烁也。产生歧义的原因在于,作者将名词(屏或眉)借代以感性形象(山),从而导致扑朔迷离之感。以上两说似皆可通解。诗词有"不说清"和"未说清",前者如"别是一般滋味在心头",却不说什么滋味,此则属后者即"未说清",不免有病,读者各随所解,亦可因病致妍。

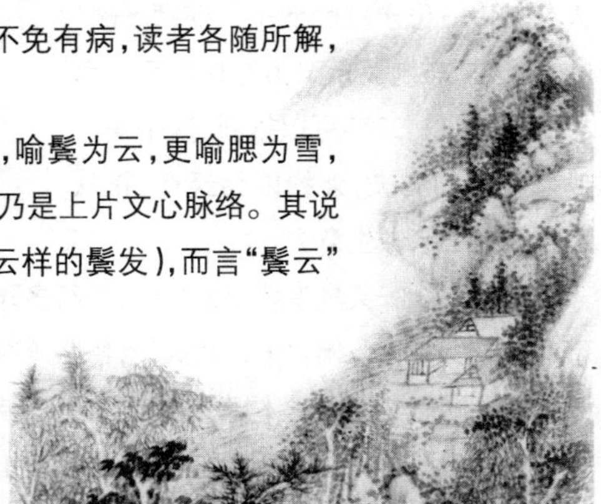

周汝昌认为,一、二句喻眉为山,喻鬓为云,更喻腮为雪,三、四句的画眉和妆梳,分承一二句,乃是上片文心脉络。其说较优。"鬓云"写乱发,不言"云鬓"(云样的鬓发),而言"鬓云"(鬓发的乌云),更富于感性色彩,和下文"香腮雪"在修辞上取得了一致。"欲度"是欲掩的意思,在状态上有化静为动之妙。总之,前二句写的是女子晨间欲起未起的情态,正是"身未动,意先懒"——直启三句的"懒"字和四句的"迟"字。这二字大有意味,它表明女子的处境是孤独的、幽怨的,杜荀鹤《春宫怨》云"早被婵娟误,欲临妆镜慵。承恩不在

貌，教妾若为容”，即可为二句注脚。女子之晨间懒起，正因“教妾若为容”之一念耳。懒起非不起，不过起迟而已。而当女子起来对镜梳妆之际，便渐渐进入角色，四句著一“弄”字，不是对人卖弄，而是自我欣赏、自我陶醉。

过片“照花前后镜”二句，写妆成顾影自怜，状镜中有镜、镜中有花、镜中有面、花面交替至于无穷的难写之景，如在目前。其“前镜”，妆台之座镜，大镜也；“后镜”，手中所持柄镜，小镜也。对映审视，如成角度，则镜中可见头上侧影，有数面之多；如正对，则镜影中复现镜影，恍如无尽。《华严经》论法界缘起之说，有云：“犹如众镜相照，众镜之影，见一镜中。如是影中复现众影，影中复现众影，即重重现影，成其无尽复无尽也。”设譬甚妙，而此词以两句尽之，“纯乎华严境界”，故为词中善状物象之名句。

末二句写梳妆既毕，遂开始一日之女红——刺绣罗襦。“新帖”即时新花样子，剪纸为之，贴于绸帛之上，以为刺绣时之底样。花样为何？乃成双作对之鹧鸪。当女郎以金线绣之之际，岂能无动于衷，于是自然流露出对于爱情的渴慕。这就与上片“小山重叠”（皱眉）与“懒起”迟妆等情态和情事取得了照应。或释“帖”为“贴”，谓末二句写着装，亦无伤于词意。

此词纯乎客观描写，着重感性显现，而不用知性的说明，爱情意识是通过场面自然流露的。小词词彩艳丽，情境娇媚而优雅，具有诱人的艺术魅力，是以密丽含蕴见长的温词之代表作。

其　二

水晶帘里颇黎枕，暖香惹梦鸳鸯锦。江上柳如烟，雁飞残月天。　　藕丝秋色浅，人胜参差剪。双鬓隔香红，玉钗头上风。

本篇“自室内之‘颇黎枕’、‘鸳鸯锦’，突接室外之‘江上’、‘雁飞’，又突接‘藕丝’、‘人胜’等对服饰之形容，且所用之‘隔香红’、‘头上风’等句法，亦全不属理性之叙述。……这是最能代表飞卿特色的作品，但也是最不易为读者所了解和接受的作品”（叶嘉莹《迦陵论词丛稿》）。虽然如此，我们只要将此词与作者相同性质的作品进行参阅，还是不难理会词的含意。

词的开始二句，就用种种精美名物夸饰地描绘女主人公的居处的雅洁，构成明净的境界，颇类李商隐“水精簟上琥珀枕”的诗句。而女主人公就在这样的环境中做着香甜的好梦。锦衾玉枕的“暖香”乃是催人入梦的条件，故用一“惹”字（王维“杨花惹春暮”、李贺“古竹老梢惹碧云”等诗句可参）。此下二句“江上柳如烟，雁飞残月天”继上句写出女主人公在明净雅洁的卧榻上做的一个清丽的梦。“江柳”使人联想到离别，而“飞雁”使人联想到行役。这里暗示了女主人公独处的现状和曾经经历过离别的事情，对全词主旨也有微挑的作用。

下片似乎全是女主人公服饰的客观描绘，她穿着浅淡的藕丝色（透明水红色）的衣服（古诗词中写女人穿着藕丝色衣裳的很多，如作者《归国谣》：“舞衣无力风敛，藕丝秋包染。”），头戴剪彩的“人胜”（“参差剪”是形容人胜首饰剪得精巧、轮廓分明），两鬓分簪红花（故称“隔”），头上玉钗颤袅（“风”读如动词）。这样工笔重彩的摹描人物，到底有何用意呢？前一首《菩萨蛮》虽致力描写女子晨妆意态，到底还有“双双金鹧鸪”一句暗示其心情，此词则几乎无迹可求。

其　十

宝函钿雀金鸂鶒，沉香阁上吴山碧。杨柳又如丝，驿桥春雨时。　　画楼音信断，芳草江南岸。鸾镜与花枝，此情谁得知？

首二句写女子居所华美，次二句写驿桥杨柳春色，与前词上片绝类，用意亦同。不同在于下片较重主观情绪的抒写，第一首则重人物外表装束的客观描写。但异中亦有同，那就是“鸾镜与花枝”句，仍然是写女子对镜严妆。表面看来她打扮得非常济楚，但妆成谁看呢？其间又不免流露出一种孤寂与失意的情绪。其实温庭筠《菩萨蛮》十余首，类此写法者甚多，即上片多从环境入手，下片归结到情绪，时有明点，如“心事竟谁知，月明花满枝”、“青琐对芳菲，玉关音信稀”、“人远泪阑干，燕飞春又残”、“鸾镜与花枝，此情谁得知”等等。“水晶帘里”一词虽只写女子晨妆不及点明心情，却是可以作类推的。

由于温庭筠《菩萨蛮》词注重以精美意象寄托人物情绪，又多少织入作者的某些身世之感，暗合于比兴传统，故后世如张惠言等人，认为可与《离骚》比美。评价固然过当，但就温词的手法对传统婉约词风形成所作的贡献，应予充分肯定，不宜以其注重形式而一笔抹杀。

更漏子

（唐）◎ 温庭筠

玉炉香，红蜡泪，偏照画堂秋思。眉翠薄，鬓云残，夜长衾枕寒。　　梧桐树，三更雨，不道离情正苦。一叶叶，一声声，空阶滴到明。

“更漏”是古代的一种计时器，夜间凭漏刻传更，温庭筠《更漏子》共六首都是以调为题，写深夜闺中情境，被人戏称为“小夜曲”。温词的主体风格是丽密含蕴，但也间有清新明快、偏于发露之作。此词则是二者绝妙的折衷。首二句客观地并列两种精美名物——香炉和红烛，是飞卿惯用的手法，细辨则以写“红蜡”为主，以写“玉炉”为陪。红蜡著一“泪”字，不仅是形容，兼有情味，使人联想到杜牧《赠别》中名句：“蜡烛有心还惜别，替人垂泪到天明。”下句“偏”字极妙，写无情作有情矣。张泌《寄人》诗云“多情只有春庭月，犹为离人照落花”，其中“犹”字之妙，与此“偏”字同。不过张诗点明了“多情”二字，而温词则不说破，让人自味。或作“遍照”则无味，且不可解。下云“画堂秋思”，画堂何能有秋思?实已暗示画堂有人矣。“眉翠”而云“薄”，“鬓云”而曰“残”，正是卧时光景，与“小山重叠金明灭，鬓云欲渡香腮雪”所写正复相同，亦即《菩萨蛮(夜来皓月才当午)》所谓“卧时留薄妆”。“夜长衾枕寒”，是客观叙述，失眠之意已于言外得之。回映篇首，可见玉炉香袅，红蜡垂泪，正是此人长夜之所见也，“衾枕寒”者，是此人长夜之所觉也，无数秋思，淡淡出之，虽偶逗情语(“秋思”)，亦多含蓄蕴藉。正是温词特色所在。

词过片继写失眠的感受，无端引发一场夜雨，又让梧桐的阔叶将雨声扩放，取得强烈的艺术效果。笔法由上片的凝重浑厚转为浅明流利，似就《长恨歌》“秋雨梧桐叶落时”一句集中渲染，淋漓尽致。“不道离情正苦”的“不道”二字，意味与“偏照”的“偏”字正复相同，写无情为有情，将无意作故意，所以耐味。这里虽然明点“离情”，而且下笔似过为明快，但词人始终把握着分寸，不将失眠二字说破，只通过失眠人的听觉造境，这是它在直致中的含蓄处。

此词影响宋词甚大，聂胜琼《鹧鸪天》“枕前泪共阶前雨，隔个窗儿滴到明”，即本于此而成。比较成功的再造同类情境的是万俟雅言的《长相思》：“一声声，一更更，窗外芭蕉窗里灯，此时无限情。梦难成，恨难平，不道愁人不喜听，空阶滴到明。”妙在声情相生，尤以前二句为佳。还有李清照的《声声慢》：“梧桐更兼细雨，到黄昏点点滴滴，这次第、怎一个愁字了得?”妙在最末的一问，虽然将情明点，却翻过“愁”字一层。

梦江南

（唐）◎ 温庭筠

梳洗罢，独倚望江楼。过尽千帆皆不是，斜晖脉脉水悠悠。肠断白蘋洲。

这是温词中近于民歌的作品，纯乎白描，抒情明快，迥异于丽密含蓄的《菩萨蛮》及《更漏子》一类代表作。

读此词要注意它来自生活的一个特定的前提，就是词中“梳洗罢”而独倚江楼，竟日凝眸的情态，未必是经常性的。这种望穿秋水的情态，只在某一特殊情况下，才最有意味——那就是由于预约、或预计、或预感，以为远人即将归来的日子，从而“梳洗罢”就不是例行公事，而具有特殊意义。也许在梳妆时，她已经把即将到来的快乐设想过好多遍了，把将要对他说的话想过若干遍了，把激动的情绪抑制过若干遍了。然而正如生活中常有的那样（“人事多错忤”），预期的事没有发生。正是在这种情况下，失望之感才特别强烈。也许江楼就靠近渡口，一班一班的客船到了又开走了，下船的“皆不是”所盼的，只好再等下一班。直到末班船到，她才明白自己受了感情的欺骗，一天的忙活和激动都白费了，简直是浪费情绪！“客有可人期不来”，妙在一个“期”字。

其次当留意词中造境，“过尽千帆”二句，以柔婉之笔宕出远神：江面千帆过尽，一片空寂，唯余脉脉无言的斜晖，映照着悠悠不尽的江水，整个空间似乎笼罩着一层难以名状的空虚寂寞和忧伤怅惘，正象征着女主人公的心境。“脉脉”是含情的样子，“悠悠”是不可穷尽的样子，这是词中人物对景物的特殊感受。此时此刻，只有斜晖还脉脉含情地陪伴着她，而悠悠逝水却不为愁人少驻，通过这样“有情”、“无情”的对照，就将女主人公的凄清处境和穷极无聊的心境进一步展示出来了。

中唐赵徵明《思归》：“犹疑望可见，日日上高楼。惟见分手处，白蘋满芳洲。”词中“白蘋洲”当是两人分携处无疑。

怀良人

葛鸦儿（？—？），女，籍贯不详。《全唐诗》存诗3首。

（唐）◎ 葛鸦儿

蓬鬓荆钗世所稀，布裙犹是嫁时衣。胡麻好种无人种，正是归时底不归？

这是一位劳动妇女的怨歌。诗作者《才调集》、《又玄集》并作葛鸦儿。孟棨《本事诗》却说是朱滔军中一河北士子，其人奉滔命作“寄内诗”，然后代妻作答，即此诗。其说颇类小说家言，大约出于虚构，然而可见此诗在唐时流传甚广。

诗前两句首先让读者看到一位贫妇的画像：她云鬓散乱，头上别着自制的荆条发钗，身上穿着当年出嫁时所穿的布裙，足见其贫困寒俭之甚（“世所稀”）。这儿不仅是人物外貌的勾勒，字里行间还可看出一部夫妇离散的辛酸史。《列女传》载“梁鸿、孟光常荆钗布裙”。这里用“荆钗”、“布裙”及“嫁时衣”等字面，似暗示这一对贫贱夫妇一度是何等恩爱，然而社会的动乱把他们无情拆散了。“布裙犹是嫁时衣”，既进一步见女子之贫，又表现出她对丈夫的思念。古代征戍服役有所谓“及瓜而代”，即有服役期限，到了期限就要轮番回家。从“正是归时”四字透露，其丈夫大概是“吞声行负戈”的征人吧。

于是，三句紧承前两句来。“胡麻好种无人种”，以“胡麻”（芝麻）代庄稼：动乱对农业造成破坏，男劳力被迫离开土地，“纵有健妇把锄犁，禾生陇亩无东西”（杜甫《兵车行》），田园荒芜。农时不可误，青春亦如之，故以兴起“正是归时底不归”，与题面“怀良人”关合。不仅如此，明人顾元庆说：“南方谚语有‘长老种芝麻，未见得’。余不解其意，偶阅唐诗，始悟斯言其来远矣。胡麻即今芝麻也，种时必夫妇两手同种，其麻倍收。”（《夷白斋诗话》）读此，亦可知此诗中“胡麻”深意。

诗人巧用俗谚，意味深长。“怀良人”理由正多，只说胡麻不好种，言在此而意在彼，言有尽而意无穷。

望江南

（唐）◎ 无名氏

天上月，遥望似一团银。夜久更阑风渐紧，与奴吹散月边云，照见负心人。

这首“敦煌曲子词”是一首失恋者之怨歌，或一首民间“怨妇词”。仅仅指出“怨”意不够，还须体味词中含蕴的那一份痴情，须看到女主人公对“负心人”尚未心死。

“天上月，遥望似一团银”二句写景而兼比兴。它有两重象征意味。首先，对于失恋（或被弃）的女主人公，那一轮灿烂耀眼如银的明月，会勾起美好的往日记忆。也许过去正是在这同一轮明月之下，她与那位男子缔约、相好来着。然而曾几何时，这段爱情就因对方的负心而产生了危机。所以，这一轮圆月又有反衬人的离分，即象征爱情危机的作用。

从这两句到下两句中有个跳跃，形成一处空白，这就是夜阑天变，月被云遮，晦暗不明，所以有下文呼风驱散“月边云”之语。词中女子似未觉到风起正是天变云生的征兆，反而寄厚望于风，求它“与奴吹散月边云”，痴态可掬。其所以这样，是因为她急于要让明月“照见负心人”。然而“照见”又如何，却不更说，意极含混，却能启发读者寻思。也许是想借明月之光对不忠实者昭示鉴戒？也许是希望他良心发现？也许是希望他在这一时刻即出现在自己的面前？总之是未能忘情之语，痴之至也。否则，“反是不思，亦已焉哉”（《诗经·卫风·氓》），来个“一刀两断”岂不干脆！“听话听反话，心爱叫冤家”，即使骂对方为“负心人”，也未必是决绝语，反而见出自己的未能忘情，否则，直斥为“氓”，多少冷淡。

可见此词之妙，全在将俗语所谓“痴心女子负心汉”作了艺术的表现，且写得颇有特色。韦庄词写女子相思情痴云：“春日游，杏花吹满头。陌上谁家年少足风流，妾拟将身嫁与一生休。纵被无情弃，不能羞。”（《思帝乡》）也许此词女主人公当初与那人结好，正是出于自由之意志，故即使出现了被无情而弃的情况，亦不能翻然悔悟，以致“为伊消得人憔悴”也。

此词表现手法之妙，在于将恋爱变故情事与一个风云变幻的月夜密合，由女主人公口吻道出，情景浑然一体。而口语化的语言，又为词作增添了活泼生动的情致。

后庭宴

（五代）◎ 无名氏

千里故乡，十年华屋，乱魂飞过屏山簇。眼重眉褪不胜春，菱花知我销香玉。　　双双燕子归来，应解笑人幽独。断歌零舞，遗恨清江曲。万树绿低迷，一庭红扑簌。

关于这首词作者的时代、身份，有两种推测：一是近人俞陛云《唐词选释》据词中“遗恨清江”句，推测为唐末遗民所作；一是刘毓盘《词史》据词调结构特点，定为五代人作。宋陈岩肖《庚溪诗话》卷下则谓此词乃北宋宣和间修洛阳宫殿，掘地得碑，上刻此词。综合诸说，此词可能是五代入宋者所作。词虽托意闺怨，确乎又寄有遗民之恨。

前三句只是说“十年华屋”难锁“千里故乡”之思，故梦魂常常飞越重重屏山归去。梦的内容乃是现实无意识思想的一种表现，其根源乃在日间所思。这几句又给人很多的暗示，作者当是前朝旧臣，虽然在词中已经化身为一个身锁华屋不得自由的女性。“乱魂”一作“乱云”，二者的差别只在显言与隐言耳。作者在造句上颇有推敲，语序稍事挪移，以“千里故乡，十年华屋”开篇，不仅对仗工致，而且通过长远的时空跨度为词中愁情增添了分量。

紧接二句写梦醒后回到现实生活的情态。“眼重眉褪”是睡后而睡眠未得充分的样子（沈际飞《草堂诗余别集》评引“眼儿失睡微重”即“眼重”的最好注脚），原因是做了一夜的梦，醒来不胜“春困”，揽镜自照，玉容销减。“菱花”即镜子。“镜里朱颜瘦”是寻常言语，今说“菱花知我销香玉”，替代字太多，幸得“知我”二字为奇，言镜亦有情，不无知己之感。此句还有一层言外之意，就是“此恨谁知”，菱花知我即无人知我之转语也，又能形象状出顾影自怜意。其造句无限委婉深厚，再一次见出作者在这方面的功力。

“千里之遥，十年之久，而知其憔悴者，唯有菱花，其踪迹销匿可知”（俞陛云评）。过片写燕子双飞笑人幽独，还不仅仅是写处境的孤单。古人诗词中提到燕子归来，还有另一种含义。“燕语如伤旧国春”(李益《隋宫燕》)，“燕子不知何世，向寻常巷陌人家相对，如说兴亡斜阳里”(周邦彦《西河·金陵怀古》)等句，均可参阅。于是提到了作者之“遗恨”，“断歌零舞，遗恨清江曲”二句大有“旧江山浑是新愁”的意味。那“断歌零舞”，当然是遗留在作者记忆中的片断。要之，在词中主人公看来，好时光都已过了，人生几何，春已成夏：“万树绿低迷，一庭红扑簌。”眼前落红成阵，绿叶成荫，言下大有寻芳恨迟、年光恨促之感。末句从元稹《连昌宫词》“风动落花红簌簌”句化出，寓故园萧条之意。这结尾二句写花以“红”，代叶以“绿”，“万树”对“一庭”，“低迷”对“扑簌”且均叠韵，对仗工、意象美、音韵妙，能传凄迷之情味。与上片开端及煞拍的铸语悉称，颇有凤头猪肚豹尾之风采。

总之，这首词的炼意造句，颇臻上乘。虽有锤炼，却自然婉秀，无一点生硬痕迹。作者名氏虽不可考，但必为名手无疑。

宫词(百首录五)

(五代)◎ 花蕊夫人

花蕊夫人,女,后蜀孟昶妃,姓徐,一说姓费,青城(今四川都江堰)人,蜀亡入宋宫。有《宫词》百首。

其十八

春风一面晓妆成,偷折花枝傍水行。却被内监遥觑见,故将红豆打黄莺。

哪个女人不爱美?哪个少女不怀春?在国力富足、文化交流频繁的唐代,妇女们更是热衷打扮,争奇斗艳,妖娆妩媚。那时,一个不懂得化妆、不解时尚的女子,是根本不配称美女的。唐代,绝对是中国美容史上不能超越的高峰。

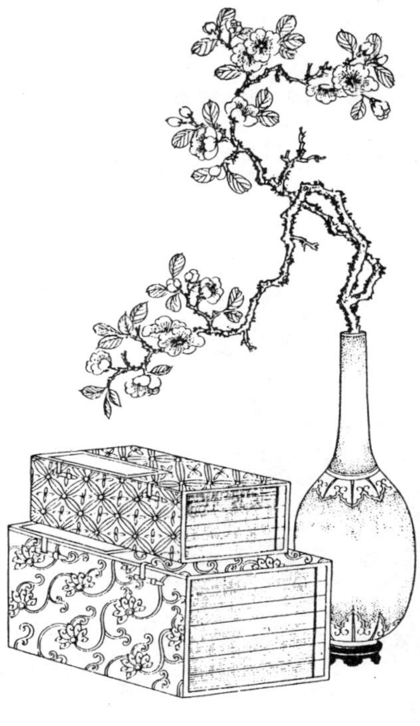

那是一个尚美的时代,人们对美容的追求达到一个疯狂的境界。普通人家的女子也是要化妆的。化一次妆的程序是繁复的,从敷粉抹脂到涂鹅黄画黛眉,还有点口脂描面靥、贴花钿,通常多达六七道。皇家妇女的化妆程序更有过之之处。妆容的类型丰富多彩,著名的"花钿妆"在唐代已广为普及,花钿除了用颜色染绘之外,有的还采用了金属来制造;"面靥妆"更为流行,成为一时之风气。至于眉妆,更是独树一帜,据说李隆基有"眉癖",甚至命人作了"十眉图"。

到了花蕊夫人生活的后蜀时期,唐代遗风不减,成都的妇女们对美容依然趋之若鹜。更何况在孟昶的后宫中,皇家的高贵与富足,让后宫中的妃嫔们可以尽情地打扮自己。因此,国家虽小,后宫佳丽们依然扮演着潮流的掀起者,时尚的引领者。只有了解了这样的背景,我们才能体悟到诗中女子的喜悦心情。

从诗中看,这位女子的身份可能是一名宫女,因为她没有侍女相伴,独行水边,又是那样的小心翼翼,对内监心怀戒备。但是身份的卑微、环境的压抑,这一切都不能压制住她心中的那份快乐。因为她早晨起来,化了一个自己满意的妆。我们不知道她为了化好这个妆是什么时辰起来的,我们也不知道她为了化好这个妆费了多少工夫,但这位宫女在妆成后的喜悦是用词语难以形容的。

全诗写的是这位宫女妆成后的快乐心情,可是诗人没有直接说,而是通过两个小镜头来表现小宫女喜形于色的心情。一是水边照影。她化的妆一定使自己都着了迷，左顾右盼,顾影自怜,走在路上仍然欣喜不已,不自觉的就攀折花枝,走到水边去照照自己的倩影了。“偷”字在这里巧妙地描绘出了这位宫女按捺不住的急切心情，明知这样会违反规矩,不合礼节,但还是想时时看看自己美丽的妆容。第二个是被人发现后急于掩饰的娇羞神情。她身处禁苑,即使心中充满喜悦,还是处处小心,不能显于言表。正当她临水顾盼时，猛的发现内监正远远地向这边张望，不胜慌张，急忙抽身藏进花间,作出抛红豆打黄雀的样子。一个羞涩的爱美宫女的形象跃然纸上，那种宫中女子特有的偷偷的快乐展露无遗,技法非常高超。

值得一提的是,对于“红豆打黄莺”还有另一种理解。“红豆”在中国是爱情的信物,而“打黄莺”则出自唐金绪昌的《春怨》诗:“打起黄莺儿,莫教枝上啼。啼时惊妾梦,不得到辽西。”显然,这是一首闺怨诗,描写独守空闺的妻子在思念边关戍守的丈夫。当那惹起少妇愁思的黄莺儿再次出现时,这位美丽的宫女,是否也泛起了淡淡的春愁呢?

其四十三

春天睡起晓妆成，随侍君王逐处行。画得自家梳洗样，相凭女伴把来呈。

如果用一句通俗的话来形容宫中的男女关系，莫过于一个男人和几千个女人的故事来得直白。也就是这种极不均衡的比例，使得很多女子宁愿做个卢家莫愁，也不羡慕皇宫的高贵与奢华。可是那些身在此处的女子，那些命运注定只能去穷尽一生来争取这个男子的宠幸，不，也许只是一夜的幸临的女子，也注定了要将她们的青春绽放到极致，绚烂到令人迷醉。

诗中的宫女并不能让人判断出她的现有身份，是一位娘娘还是侍者，但是有一点可以肯定，她与皇帝的距离已经很近了，已经在他的生活视野范围内。如果她是一位娘娘，固宠是她的一项重要任务；如果她是一位普通的宫女，只是以一个侍者的身份出现的小人物，那么让皇帝认识她记住她就是那么的迫切。

如果我们展开想象的翅膀，那么在平平淡淡的“春天睡起晓妆成，随侍君王逐处行”中，可以看出多少端倪。春天鲜花盛开，君王想四处走走，游览美景。这位宫中女子早晨起来，将自己梳妆打扮好。伴驾而行，这是多么大的荣耀。如果诗中的女子是一位娘娘，在浩浩荡荡的队伍中，那些粉面如春的宫女们会给她带来多么大的心理压力。史书上不是记载历史上嫉妒成性的皇后，只要皇帝多看哪个宫女两眼，就立刻对那个宫女下毒手吗？如果诗中的女子只是一位妙龄少女，那么，在成百成千的人群中，她又怎样才能让皇帝注意到她呢？不论是娘娘还是宫女，心理都是万分纤细，暗含愁苦的。

不论是固宠还是争宠，单凭一个人的力量都是难以实现的。在这首诗中，我们可以清楚地看到画师和“女伴”的作用。皇帝选择嫔妃不是看真人选择，而是对着画像选，我们从一些历史记载中就可看到。这种选妃方式，使得画师在提升宫女的阶层上有着重要的作用。著名的美女王昭君，就是因为得罪了画师而失去了入选的机会。蜀宫中也有这样的画师，如阮知海、张玫，《益州名画录》上都记载了他们的名字，是当时著名的仕女画家。诗中的这位女子是很聪明的，她充分利用了这种方式，展现自己独特的迷人的美丽。她请画师给自己作画，通过献画来吸引皇帝的目光。注意，她画的是什么？是“自家梳洗样”，刚刚梳洗罢的时候，如梨花带雨一般的娇羞，如芙蓉出水一般的鲜妍，正是一个女人魅力十足的时候。画像有艺术的成分，能使人产生距离美。也许在平常皇帝根本不可能注意她，但是通过这种方式，可以给人无限的想象空间。精心地选择展现自己的方式，精心地梳妆打扮，真是处心积虑，煞费苦心啊。

画作好了，可是怎么样让皇帝看到呢？这真是一个聪明的女子，自呈画像显得太露骨了，有失含蓄之美，有失神秘之魅！在她的背后，还有也许是几个，也许是一群支持者。这个时候，这些支持者就出现了，就是诗中说的女伴，她们来寻找机会把画呈现给皇帝。让我们再想象一下当时的情景吧：这位颇有竞争力的女子（也许是娘娘，也许是宫女）将自己的画悄悄交给女伴，悄悄说：“呈给皇上。”也许她仅仅是努努嘴，女伴就心领神会了。这个女伴拿到画，寻机来到了皇帝的龙车前。

花蕊夫人的诗绝少情绪的直接宣泄，在看似平淡的叙述中，总有不尽的余味，如嚼橄榄，回味无穷。此诗是也。

其四十四

小小宫娥到内园，未梳云鬓脸如莲。自从配与夫人后，不使寻花乱入船。

在中国古代诗词中，很多诗人把后宫生活程式化了，把宫女形象脸谱化了，宫女几乎与怨女无异。宫怨诗与怨妇诗除了表现的对象不同外，并无太大的不同。这种现象一是由于很多诗人在写宫女时，往往是道听途说的，并不完全了解宫中生活的全部。另一方面，我国传统的宫怨诗往往是文人以宫女自况，抒发自己怀才不遇的失落。

花蕊夫人的宫词中有很多宫女形象。因为她本人就在宫中生活，又是一位颇有才华的诗人，其观察与感悟都较外人深入和深刻。宫女生活在花蕊夫人笔下就呈现出千姿百态的情貌，超越了以往描写宫女的诗。

这首诗用白描写法描写了一位天真可爱的小宫女的形象。在这首诗中，宫女不再仅仅是充满忧怨的形象，而是充满了童真的娇酣的情态。

“小小宫娥到内园，未梳云鬓脸如莲”这两句主要描写了小宫女的外貌。一个小宫女随着夫人到御花园来了。“小小宫娥”写出了这个宫女的年龄小。“小小”二字叠用，在突出年龄小的同时，还含有怜爱之情。“云鬓”是较大的青年宫女梳的头饰，这种头饰如青云舒卷，尽显女性的绰约风姿。而小宫女没有梳这种成人的发型，她还纯然是一幅孩子的打扮。诗人敏锐地抓住小宫女头发的特点，进一步从装束上表现她的年纪小。接着写她美丽的容貌。古语有“莲脸生春”形容红香嫩洁的皮肤，这个小宫女的小脸粉嫩红润，如清水芙蓉一般娇艳。

后两句紧承前两句，从行动上面继续写小宫女的特点。小孩子有什么特点呢?当然是做起事来随心所欲，无所顾忌。玩得高兴起来，哪里会理会宫中的种种规矩呢。这两句表面上是在赞美夫人管教有方，小宫女守规矩了，不再像以前那样，蹦蹦跳跳、四处乱跑。实际上，诗人是在欣赏小宫女那任性而为，率真可爱的行为。你看，她看见了美丽的莲花，动了摘花念想。她探着身子去摘花，可是左也摘不到，右也摘不到，情急之下，就将宫中礼数抛到九霄云外，胡乱登上了一艘船。

花蕊夫人作此诗时，哪里是用宫中宠妃的身份在管教这个小宫女呢?她用她的诗心慧眼，发现了这个性格鲜明、活泼可爱的小宫女，发现了宫中生活的趣事。

其六十四

明朝腊日官家出，随驾先须点内人。回鹘衣装回鹘马，就中偏称小腰身。

在现代社交礼仪中，夫人随丈夫出行是常见的。在遥远的蜀宫中，拥有众多妃嫔的皇帝，选谁出行就是一个重要的抉择了。这也是宫中妃嫔们非常关注的大事。这首诗就描写了这个细节。

诗第一、二句交代了事情的起因。原来是腊日皇帝要出宫，现在选择随行的女眷。《荆楚岁时记》记载，十二月八日为腊日。为什么叫腊日呢？是从古代的谚语“腊鼓鸣，春草生”而来的。这一天都要举行盛大的活动，人们敲响腊鼓，头戴面具，扮着金刚力士驱除瘟神。这一天，还要准备猪蹄、猪肉、腊酒以祭送灶神上天。这可是一个出人头地的好机会。

选谁去呢？第三、四句为我们揭开了迷底。宫中夫人众多，看看这个，再看看那个，君王也拿不定主意选谁去。这位妃子穿着回鹘人的衣服，骑着回鹘人的高头大马出现在君王面前。这种服装颇似长袍，衣身宽大，下长曳地，多以红色织锦制成。这异域的打扮使她分外妖娆。那回鹘的衣服，窄小的袖口，滚边的装饰，衬出她线条优美的身姿。那魁梧的大马更显出马背上女子的娇柔和纤细。她独特的妆束，娇小的腰肢，怎不惹得君王生出怜爱之心？所以这次就是她去伴驾了。显然，被选中的宫女是非常得意的。一个“偏”字，将她对自己容貌美丽的自信，将她对自己选择回鹘服装的肯定，将她战胜了其他竞争对手后的情不自禁的喜悦，都展现了出来。

其八十一

少年相逐采莲回，罗帽罗衫巧制裁。每到岸头相拍水，竞提纤手出船来。

这首诗描写的是宫中女子采莲的情景，展现了宫中女子劳作的一面。

采莲的地点是皇宫中的摩诃池中。在花蕊宫词的第三首专门描写了这个池子。据唐人卢求《成都记》说，蜀王杨秀扩大成都的子城，挖了一个大池。有一个胡僧见了，称它是“摩诃宫毗罗”。胡语摩诃宫是大宫的意思，毗罗是龙的意思。“摩诃宫毗罗”就是有龙住的大池，胡僧称赞这个地方有帝王气象。到了前蜀王衍当皇帝后，又再次营建此池，引河水注入，从御沟东流出仁政殿，改善了摩诃池的水质。

摩诃池本来就是一个风景名胜，很多蜀地名流、文人墨客都爱在这里泛舟游乐。唐代的节度使韦皋、著名的诗人杜甫都在这里留下过足迹。到五代十国时期，王衍称帝后，摩诃池就成为皇家御花园的一部分，烟波澔渺，曲曲折折，十余多里，两岸杨柳依依，画船往来，如诗如画。孟昶是一位懂韵律、有文采的皇帝，称帝后，常和花蕊夫人在池上游乐，还谱写过《玉楼春》词。他们二人情投意合，摩诃池上留下了他们美好的故事。

既是皇家宫女采莲花，首先就不是一种劳役，一种生活的手段，一种不得不做、无可奈何的事情，可能只是娘娘们想赏荷花了而派宫女去采。第二，她们天天囚禁在宫中，小心地遵守宫中的各种规矩。而有机会泛舟湖上，采莲就是一种放松，一种自娱自乐，仿佛被放出笼外获得自由一样畅快，虽然只是暂时的。

夏天，摩诃池上莲叶田田，荷香阵阵，去采莲花是宫女们开心的时候。与民间女子粗衣布服不同，她们穿着制作精美的罗纱衣裙，色彩鲜艳滴欲。她们青春的身影与美丽的荷花相映生辉，莲叶间留下她们你追我赶的倩影，嬉戏采莲，欢乐的歌声飞扬在空中。比一比谁采得多啊！看看别人采的比自己多了，加油快加油！

一船船荷花运到岸边，水面上欢声一片。可能是余兴未了，也可能觉得这短暂的狂欢即将结束，又要回到小心翼翼的生活中去，待船停靠岸边，临近船的宫女忍不住用桨互相拍水，一时间水花四溅，又引起一场水战，欢声笑语流满湖面。然后她们一个个举着湿漉漉的纤纤玉手走下船，互相看看，哈哈，你看她的衣服都湿透了，她的脸上还有水珠，又是一阵嬉笑。

这首诗可以命名为“群艳欢乐采莲图”。整首诗突出了两个画面：一个是宫女们采莲时追逐的欢乐，一个是采莲回来后满手荷香、拍水嬉戏的场景。描写非常生动，栩栩如生。千年而下，我们似乎还能听见摩诃池畔宫女的欢声笑语。

醉妆词

(前蜀)◎ 王　衍

者边走，那边走，只是寻花柳。那边走，者边走，莫厌金杯酒。

王衍（899—926），字化源，原名宗衍，许州舞阳（今属河南）人。前蜀先主王建第十一子。初封郑王。永平三年（913）立为太子。光天元年（918）嗣位，改名衍，在位九年。

《醉妆词》是前蜀王衍创制，它赤裸裸地表现了封建帝王寻花问柳的糜烂生活。翻遍中国词史，此调只此一词。这是亡国之君的亡国之词，历来为人所不齿，后人无人愿意跟随其后，遂成为词史上的孤篇。

做为国君的王衍和此词一样臭名远扬。他本无治国之才，年纪又轻，是他父亲最小的儿子。当了国君之后，大权旁落，小皇帝只知和一群佞臣饮酒作乐，纵情声色，又不知体恤民生疾苦，干了不少荒唐事，最后做了后唐皇帝李存勖的刀下鬼。想想他们父子：老子王建，大字不识一个的泼皮无赖，用 40 年的奋斗建立了前蜀小王朝；儿子王衍，富有艺术才华、纵情享乐的风月场擅手，用 70 多天时间就葬送了前蜀的大好河山。这真是一个绝妙的讽刺啊。但客观地说，王衍的确是一位艺术天才，酷爱文学，擅长音乐、绘画，尤其工词，为词的发展做出了很大的贡献。王衍曾经把他喜欢的艳词 200 首编为一册，名叫《烟花集》，可惜现在已经佚失了。

五代是词发展的关键时期，西蜀是五代词坛的一个中心。天府之国，沃野千里，人们生活富裕，民风民俗就喜欢游乐玩耍，常常是倾城出游，景象壮观。在北方战祸连绵之时，这里相对稳定，吸引着百姓和文人大量移入，经济文化繁荣，歌楼妓馆林立，士大夫狂游狎妓，乐而忘返，甚至皇帝王衍也加入其中，新声艳曲流行，夜夜不休。这里的皇帝无不是奢侈放纵，宫中丝竹之声不断，豪侈至极。现在永陵王建墓石棺床侧刻着的是三幅 24 乐伎图，死后都要与音乐相伴。可见古蜀国的音乐之风是多么盛行，难怪人们称五代时的成都为音乐之都。王建可能没有这么高雅的情趣，他的儿子王衍却有这样的才情。王衍是一个大音乐家和表演家，他曾亲自表演灌口二郎神，在怡神亭设宴时，亲自执板歌唱《后庭花》、《思越人》等曲。他自己能自制新声，创制了一些词，如去青城山游玩，命宫女着醉妆，制《甘州曲》；去阆中玩，泛舟水上，制《水调银汉曲》；就是在即将亡国之际，还制了《醉妆词》新曲，让宫伶演唱，宫

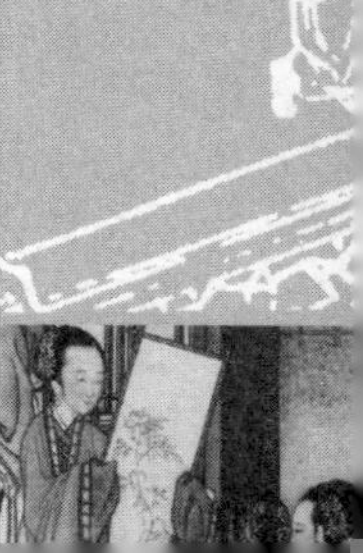

人李玉箫就是演唱《宫词》的行家。由于皇帝的喜好，很快就形成以帝王为中心的前蜀词人圈子。韦庄、牛峤、牛希济、欧阳炯、孙光宪等花间词的重要词人，都曾经活跃于王衍的宫中。可以说没有王衍的提倡和推广，很难有五代词的兴起与繁荣。

这位喜好玩乐的皇帝，最后一次游玩是公元925年冬天，他要去秦州看望他的老情人，当然理由是体察民情。一路上依然与一帮文臣饮酒作乐，全然不理会军使报告说后唐大军来犯的消息。大军压境，这位荒唐的皇帝回到成都时，百官和后宫嫔妃迎驾于郊外，他竟一时兴起搞起了歌舞排练，还亲自加入妃嫔中，排了个回鹘队形入宫。回去后依然是夜夜笙歌，《醉妆词》最能展现他“今朝有酒今朝醉”，得过且过的心理。这也是他做的最后一首词。

“醉妆”是王衍发明的一种宫女的妆容。《北梦琐言》说：“蜀主衍尝裹小巾，其尖如锥，宫人皆衣道服，簪莲花冠，施脂胭夹脸，号‘醉妆’。因作醉妆词。”“者边”是这边的意思。整首词词意明了，赤裸裸地展现了作者寻花问柳、醉生梦死的生活。词的内容格调低下、思想颓废。其艺术成就主要在其韵律上，音节上顿挫有致：“仄平仄，仄平仄，仄仄平平仄。仄平仄，仄平仄，仄仄平平仄”，适合演唱。词也讲求押韵，词与音乐结合在一起，所以词人填词用韵要求唱之上口，听之顺耳。这首词上半阕押“走”、“柳”仄韵，下半阕押“走”、“酒”仄韵，全词属于仄韵格。全词单调二十二字，六句三仄韵、三叠韵，韵律优美。

浣溪沙二首

（南唐）◎ 李　璟

其　一

菡萏香销翠叶残，西风愁起绿波间。还与韶光共憔悴，不堪看！　　细雨梦回鸡塞远，小楼吹彻玉笙寒。多少泪珠何限恨，倚阑干。

李璟（916—961），南唐中主。本名景通，改名瑶，后名璟，字伯玉，徐州（今属江苏）人，一说湖州人。后人将他与李煜的词合刻为《南唐二主词》。

本篇是南唐中主的得意之作。王安石认为“细雨梦回鸡塞远”二句比后主“一江春水向东流”还好（见《苕溪渔隐丛话前集》五九），而冯延巳也公然承认其名句“风乍起，吹绉一池春水”未若“小楼吹彻玉笙寒”好，这是真心话，不是奉承话。王国维则更欣赏开篇“菡萏香销翠叶残”二句，并说解人不易得（《人间词话》）。

前两句写秋风起后，荷塘一片衰败，王国维认为“大有众芳芜秽、美人迟暮之感”（“哀众芳之芜秽”、“伤美人之迟暮”是《离骚》名句，所谓香草美人以喻君子），这是从荷花出污泥而不染的品质联想而来的，用“菡萏”这个叠韵的别名来代替荷花，写绿叶作“翠叶”，用“销”字而不用“消”之本字，都是为了造成一种庄严之美感。词人以秉性坚贞的“花之君子者”的好景不长起兴，其人生感伤较一般意义的悲秋就不一样，使人联想到“世有良才天不永”那样的感慨，让人感到特别可惜，与《离骚》确有一脉相承之处。“韶光”可以兼指大好光阴和人的芳年妙龄，此处指“菡萏”所代表的时光，主语是人。一作“容光”，主语则变成景了，未若“韶光”之妙，在由景及人，所以“不堪看”——不忍看。

过片“细雨梦回鸡塞远”二句，暗示词中人在闺中，正是词体女性本位的表现。“鸡塞”即“鸡鹿塞”之省称，是以具体的地名来代指边塞。唐人诗常写到闺人梦见边塞的情景，如张仲素《春闺思》“提笼忘采叶，昨夜梦渔阳”，《秋闺思》“梦里分明见关塞，不知何路到金微”，岑参《春梦》“枕上片时春梦中，行尽江南数千里”，所以“梦回”才觉边塞更远。

以“细雨”尤其是“细雨梦回”来状愁，是词境的一大创造，开启了宋词无限法门。李璟此句和“丁香空结雨中愁”得风气之先。秦观《浣溪沙》“自在飞花轻似梦，无边丝雨细如愁”就是从此句和另一李璟名句“风里落花谁是主”化出的，连贺铸《青玉案》状愁名句“梅子黄时雨”也与此有关。下句小楼吹笙的可以是闺人（如《琵琶行》），又不必是闺人（如《忆秦娥（箫声咽）》）。

“彻”是大曲的最末一遍，“吹彻”就是吹近尾声，“玉笙寒”是说笙音已咽，曲不成声——因为笙是靠管中簧片发声的，要炙使干燥，声音才嘹亮清越，如果簧片受潮受冻，就会引起声音的失真。唐人陆龟蒙《赠远》诗云“从君出门后，不奏云和管。妾思冷如簧，时时望君暖。心期梦中见，路永梦魂短”，正可以阐发“玉笙寒”三字的意味，可以说是含蓄深蕴之至。“多少泪珠何限恨”是发露到无以复加的情语，本是词所不宜，赖于前文的含蓄深至，便不觉浅，再结以“倚阑干”三字不了了之，词中人永日无聊的意态便如在目前，正是恰到好处。

李璟的贡献不在于题材的开拓，而在于表情的细腻委婉和优美文雅；同时它的意蕴也不是闺怨之墙所能完全关住的。正如王国维所指出的那样，透过菡萏香销、红颜憔悴的表面层次，读者完全能够体会到一种对于短促而多舛的人生所怀有的浓重的忧患意识，从而在格调和意蕴方面提高了词的品位。

其　二

手卷真珠上玉钩，依前春恨锁重楼。风里落花谁是主，思悠悠。　　青鸟不传云外信，丁香空结雨中愁。回首绿波三楚暮，接天流。

此词属于“春怨”。

前两句中，“依前”二字是颇具暗示性的，可见女主人公的春恨不自眼前始也（参冯延巳“谁道闲情抛弃久，每到春来，惆怅还依旧”），在这春深时节，最难禁持。这种闺思，有点接近于王昌龄宫怨诗“西宫夜静百花香，欲卷珠帘春恨长”（《西宫春怨》）所写女主人公的心境。

不直接说“珠帘”，而用“真珠”借代，乃是唐五代词常有的句法。如温庭筠《菩萨蛮》“画罗金翡翠”，只言“画罗”而不明说是衾是帐，这样做不仅仅为了形成一种扑朔迷离的色彩，更重要的是突出事物的感性一面。“况言真珠，千古之善读者都知其为帘，若说珠帘，宁知其为真珠耶？是举真珠可包珠帘，举珠帘不足以包真珠也”（俞平伯《读词偶得》）。下二句写幽居的女子卷帘而出，见落花而叹息的心情：“风里落花谁是主？”这个问句的意味是花没有主，故无端被东风所误。写花慨人，花无主即暗示人孤单，令人联想到唐人名句：“今年落花颜色改，明年花开复谁在？”（刘希夷《代悲白头翁》）于是“思悠悠”三字的咏叹，就显得含蕴沉重，深厚耐味。

上片还只是一般地写所谓春愁，下片则将女子的愁思逐渐具体化，点明怀人之意。“青鸟”乃神话传说中西王母使者，在诗词中往往借指男女间传递情意的信使（李商隐“青鸟殷勤为探看”）。“青鸟不传云外信”，可见男方一去杳无音讯。丁香花为聚伞状，故诗词中常用以象征郁结不解的愁情（李商隐“芭蕉不解丁香结，同向春风各自愁”）。“丁香空结雨中愁”，便是写女主人公难以排解的相思，有如雨中的丁香花抱蕊凝愁。

最后两句暗示女主人公所怀之人的去向：“回首绿波三楚暮，接天流。”“三楚”，指东楚、西楚、南楚；一作“三峡”，乃宋玉《高唐赋》所写楚王梦遇神女的地方。词中女子眺望长江上游，只见滔滔江流，她所想到的或许便是当初那人“孤帆远影碧空尽，惟见长江天际流”的情景，只见绿波接天，流露出望人而不见的惆怅与眷怀的心情。

词写女子伤春怀远，并不采取情感的直抒方式，而用婉曲的手法，通过主人公对落花设问，托丁香寄愁，卷珠帘而感恨，望江流而怀思，艺术表现细腻、曲折。词中或化用古人名句，或自铸新辞，语言风格华美清新。

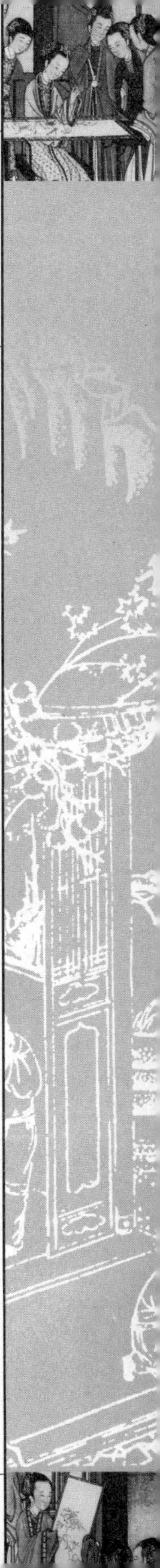

一斛珠

（南唐）◎ 李　煜

晓妆初过，沈檀轻注些儿个。向人微露丁香颗，一曲清歌，暂引樱桃破。　　罗袖裛残殷色可，杯深旋被香醪涴。绣床斜凭娇无那，烂嚼红绒，笑向檀郎唾。

李煜（937—978），南唐后主。初名从嘉，字重光，号钟隐。李璟第六子。宋灭南唐后，封违命侯，后被毒死。后人将他与其父李璟的词合刻为《南唐二主词》。

《御览历代诗余》在这首词下附注云："咏美人口。"其实这首词通过咏美人口来传情，描写了亲密恋情。我们不仅可以从词中读出南唐宫中对女子嘴唇的审美标准，也可以欣赏到一幅宫中的调情场面。

嘴唇是脸部最具有色彩美、表情丰富和引人注目的部位，其作用并不亚于眼睛，有时还会胜过眼睛。据科学研究，当人们注视一个人的面庞时，是按照眼睛、嘴唇、面部轮廓、鼻、额、耳的顺序依次进行的。中国古代对嘴唇美的审美标准是从色彩、形状、大小、气味来区分的。在上阕词中，词人就是从这几个方面来表现爱人的美丽的。"晓妆初过，沈檀轻注些儿个"是写美人点樱桃唇。点唇在整个面妆完成后进行，因为它能使整个脸生动起来，是画龙点睛的一笔。古人以唇艳、唇小、唇圆为美。"檀"是一种浅红色或浅绛色的颜料，古代常被用作口红。点唇的技术要求较高，清人李渔在《闲情偶记》对此进行了非常专业的论述："至于点唇之法，又与匀面相反，一点即成，始类樱桃之体；若陆续增添，二三其手，即有长短宽窄之痕，是为成串樱桃，非一粒也。"专门强调了点唇要一次成形，否则就会宽窄不一，像是成串的樱

桃了。难怪词中美人的动作是“轻注些儿个”，那小心翼翼怕失手的情态跃然纸上。“向人微露丁香颗”，写美人的口气芳香。这一句中美女的动作很耐人寻味。有人说这句是写她的舌头。其实在这里丁香并不是比喻，古代美女常嚼丁香保持嘴巴的气味清新。她为什么会有这个动作呢？可以推测她的情人问她嘴里嚼的是什么，而她并不答话，将小嘴一努，她向情人吐露嘴里含的丁香颗粒，然而又只微微露出那么一点点，真是呵气如兰，神态妩媚，撩人心怀。古代以不露齿为美，美人吐丁香时并不开口，只是在她唱歌时，才暂时将口张开。词人用“樱桃破”来比喻张开时的样子，正突出了美人嘴唇的鲜亮红润，圆润丰满，小巧可人，娇艳欲滴。

人们常说眉目传情，其实嘴唇也同样具有表情功能，其质感、色彩以及外形无不体现出丰富的感情来。较之眉眼、肌肤等部位，嘴唇能直接挑动起情欲，在审美心理上更多地隐含着某种性欲的因素。经过上阕词对嘴唇的描写，男女主人公的情欲都被挑动起来。下阕词开篇却不再继续写艳唇，转而写君王赐酒、美女醉酒。酒的作用是使人处于狂欢状态，任情而为。“罗袖裛残殷色可，杯深旋被香醪涴”，“裛”音“邑”，意为“濡湿”。“殷”音“烟”，意为“赤黑色”。“醪”音“劳”，意为“醇酒”。“涴”音“握”，意为“沾污”。这两句应该倒过来理解，是说美人酒酣兴起，溅出的酒滴沾染了衣裳，将衣袖染成了殷红色，可是大家极尽欢乐，毫不为意。在酒精的作用下，平日的礼法都抛之脑后，哪里还管什么君臣之仪。“绣床斜凭娇无那”，她不胜酒力，斜倚在华丽的床边，“娇无那”那个情态真是娇媚香艳、无与伦比。“烂嚼红绒，笑向檀郎唾”，如果说她嚼丁香的时候还注意到不露牙齿的仪容之美，而此时，她已肆无忌惮，顺手扯起红绒毯上的绒线，放在口中嚼啊嚼，然后笑盈盈唾向情郎。仍然是写口，却是情谊绵绵、爱意无限了。

长相思

（南唐）◎ 李 煜

云一緺，玉一梭，澹澹衫儿薄薄罗，轻颦双黛螺。
秋风多，雨相和，帘外芭蕉三两窠，夜长人奈何！

正如这首词牌《长相思》一样，这是一首怀念恋人、表达思念的词。

所思之人是谁？有人说是大周后，有人说是小周后。这两姐妹都是李煜挚爱的女人。从词中所描绘的装束来看，极像是大周后。陆游《南唐书》载，大周后“创为高髻、纤裳及首翘鬓朵之妆，人皆效之”。词中所描绘的妆容正与此相符。

词的上阕是描写女子的妆容神态之美。大凡美丽的女子，除了天生丽质，还对妆束打扮有自己独特的见解，三分长相七分打扮，正是得体的修饰打扮，使她们展现出千姿百态的情貌。“云一緺，玉一梭”写头饰之美。开篇就用浓云来比喻女子头发的浓密乌黑，状如云朵一样高高耸起，白玉簪子和紫青色的丝绦装点修饰，显得高雅别致。高髻这种发型汉代就已经有了，在唐代时高髻在宫中特别流行，式样不断翻新，名字也十分好听，比如凤髻、花髻等等。高髻装饰物也各有讲究，有的是插梳子，有的是插花，有的饰以丝绦，还讲究与面妆的配合。可以说高髻这种发型在唐代已演绎得淋漓尽致。到了五代，贵妇依然喜欢这种高贵的发型，但终究难已超越唐代。陆游所说的大周后创高髻，是不太妥帖的，词中所描写的高髻样式，在唐代已是很普遍。她在南唐宫中创制这种发型却是恰当的。“澹澹衫儿薄薄罗”写宫女的服饰美。她的服饰是什么样的？要理解这一点，就要解读“澹澹”的意思。一说“澹澹”就是“淡淡”，水波动的样子。一说“澹”通“憺”，静止的样子。还有一说“澹澹”是广漠的意思。显然第三种意思是讲不通的。若取“淡淡”意，则表现的是宫女行动时如弱柳扶风的动态美。若取静止意，则与“纤裳”的特点相符合，纤裳的裁剪能体现宫女凹凸玲珑的线条美，由于紧贴身体，当然即使行动也不会随风摇曳。“薄薄罗”是写她的衣服质地精良，轻薄透明，衣衫下肌肤隐隐约约，若隐若现，用今天的话来说，这身装束浪漫而性感，优雅中透露出风韵。她的神态却略带忧郁，她那精心描过的黛眉略微皱起，仿佛有无限心事。这神情增添了她的神秘，她的美就不仅仅是形体与姿态了，而是关乎气质了。

词人不写自己怀念爱人，却写对方愁思婉转，这种写法使词意更深一层。下阕词就全在抒情了，而且将离愁别绪赋予一些象征性的意象上。萧瑟秋风、绵绵细雨，已奠定了词中忧伤的情绪基调。在这样的环境中，词人突出了帘外两三窠芭蕉。芭蕉这一意象来自佛经，被比作虚空无常之物，后来它成为文人常用的一个意象，与孤独忧愁特别是离情别绪相联系。广东丝竹乐《雨打芭蕉》，表现的就是凄凉之音。词本来擅长表现情感，芭蕉也就成为词人笔下的爱物。如李清照曾写过：“窗前谁种芭蕉树，阴满中庭。阴满中庭，叶叶心心，舒卷有余情。”芭蕉勾起她无限的伤感。吴文英《唐多令》：“何处合成愁？离人心上秋。纵芭蕉，不雨也飕飕。”反用雨打芭蕉之意，不雨也让离别之人见芭蕉而伤情。葛胜冲《点绛唇》：“闲愁几许，梦逐芭蕉雨。”不说离别，但梦中见雨打芭蕉，也是愁绪连连。环境渲染十足后，抒情主人公一句感叹：“夜长人奈何！”纵使思念也无可奈何，颇有生死之恨。

怀人，紧紧抓住其特点，直接描摹其姿容；抒情，则借助于景物描写，将愁思写得含蓄委婉。全词用白描手法，表达了深切真挚的怀念之情。

宫 词

（五代）◎ 武 衍

武衍（？—？），生平事迹不详。

梨花风动玉阑香，春色沉沉锁建章。唯有落红官不禁，尽教飞舞出宫墙。

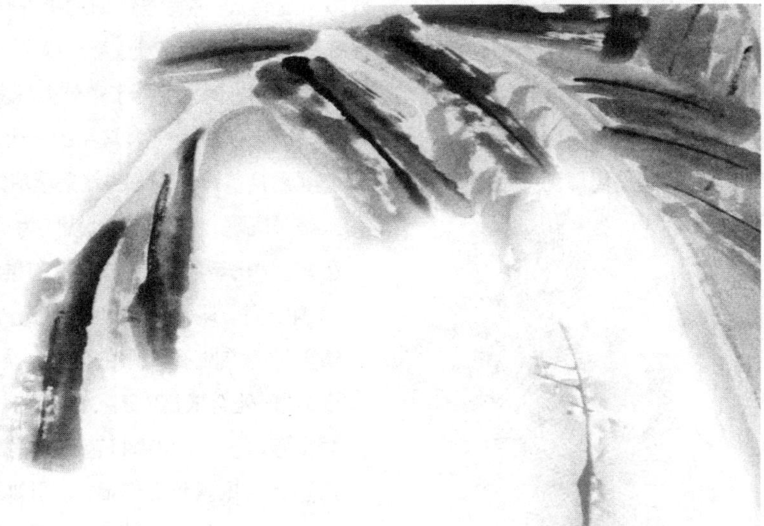

被囚禁的青春是怎样的？被压抑的青春是怎样的？武衍这首宫词即描绘了被锁于深宫之中的宫女的生存状态和她们渴望自由的心声。

诗人先描写了宫中的春色。在百花争艳、五彩缤纷的春天，进入宫女眼帘的却是那一片片飘零的梨花。这春天里飞舞的梨花是颇值得玩味的。我们姑且想象只有一位宫女在看春景吧，宫中生活一定使她疲惫、痛苦，甚至充满恐怖，不堪忍受。一切景语皆情语，春天这个象征着希望、欢乐的符号与飘零的白色，这充满哀伤、消逝的符号并置在一起时，就产生了强烈的反差效果，使哀伤更加深重。春色沉沉，这是宫中春景图的底色，那些姹紫嫣红的各种色彩，各种花团锦簇的繁华景象都成为了远景，成为了凝重的背景。宫女眼中的春天只剩下伤感的白色梨花漫天飞舞。“建章”指建章宫，本是汉代礼神的地方，后来却成为后宫美女居住的地方。诗的第一、二句交代了诗中所写的是宫中景色，象征权威和华丽的宫阙为什么如此的满目凄凉？我们每个人心中都有这个疑问吧。

“锁”字解开了所有的谜底。它是这首诗的诗眼，也是理解这首诗的关键。宫阙虽美，但它是与压迫、隔绝，失去自由，成为笼中之鸟相联系的。美丽的花儿，只能在这里静静地开放，静静地飘落，无声无息地消失。当青春不能绽放，红颜即将老去，所有的人生乐趣不曾开始就将被淹没的刹那，那锁住宫阙的大锁就被放大，大到触目惊心！锁住宫女的是谁呢？宫门锁住的是她的身体，而下一句中提到的“官”，锁住的则是她的命运，“官”所代表的是封建制度。这首诗比一般的宫怨诗深刻的地方在于它的批判性和揭露性增强了，直接将宫女不幸的根源指向了封建制度。

在自己无法解脱的时候，总是会将这种情感寄托在别的事物上。当宫中风起，将落花吹出宫墙时，这绝望的女子似乎看到了希望。哪怕自己永不能逃，但看到还有一种东西能逃出这囚牢时，她心中的喜悦是可想而知的。这喜悦来自宫女心中的抗争，是宫女将自己逃离宫阙的愿望赋予了落花。“唯有落红官不禁，尽教飞舞出宫墙”，已成为传颂后世的名句。与前两句的凝涩、压抑不同，它们充满了酣畅淋漓的欢快之情。“唯有”表明宫禁之严，无人能逃，但是落花是禁不住的，它们飞出了宫墙，向着自由飞去。这也是宫女内心深深的渴望。

这首诗在艺术上值得借鉴。全诗没有一个怨字，但读完之后，宫女的深怨大恨已融于特定的景物和场景之中。另外，有学者认为，这首诗以春色比喻宫女的青春年华，以落花反衬宫女身不由己的悲愤，亦为中的。

三字令

（前蜀）◎ 欧阳炯

春欲尽，日迟迟，牡丹时。罗幌卷，翠帘垂。彩笺书，红粉泪，两心知。　　人不在，燕空归，负佳期。香烬落，枕函攲。月分明，花淡薄，惹相思。

欧阳炯（896—971），益州华阳（今四川成都）人。少事前蜀后主王衍，为中书舍人。又事后蜀，累迁门下侍郎，兼户部尚书同平章事。后从孟昶归宋，为左散骑常侍。近人王国维辑有《欧阳平章词》1卷。

旧体诗词大体上有齐言与长短句之别，但词中也有少数齐言者，《三字令》即一体。此词十六句皆三言句，或三句一韵，或二句一韵。这首词基本上一句一意，句子间不免省略叙写与过渡的词语，出现若干空白。这就需要读者比勘揣摩，发挥联想，方能对词意有充分的体味。

词的内容题材乃最习见的暮春思妇之闺怨，但运用《三字令》这一特殊词调，在表现上显得格外别致。

“春欲尽，日迟迟，牡丹时”三句，是说暮春的白昼一日长似一日，正是牡丹花开的时候。遣词上易使读者联想到《诗经·豳风·七月》“春日迟迟”和白居易“共道牡丹时，相随买花去”（《买花》）等诗句。然而此词的女主人公在这样绵长的春日，却无心加入赏花仕女之行列，独自闷闷在家。“罗幌卷，翠帘垂”就表现出这样的意态，同时词意自然由外景描写转入闺房之内。一“卷”一“垂”，又正好暗示女主人公内心的矛盾。她何以深锁春光而犯愁？原来她正看着一封信（“彩笺书”），流着泪呢。从“两心知”一句看，这信与其认为是她自己写就的情书，毋宁看做是远方寄来的尺素。否则，便应是“忆君君不知”了。然而，书来正意味着人不来。那人一去或许经年，须知“红粉”楼中正计日呢！

过片紧承此意，“人不在”三字，形出女子的孤单；“燕空归”，似乎暗示来信徒增幽怨，又有以双飞燕反衬孤独处境之意。想必来信中有许多托词，但不能改变一个铁的事实：“负佳期。”想当初离别，必有盟誓“两心知”。为什么到今日，又苦留后约将人误呢？这里词语虽简淡，怨思却甚深。“香烬落”，极见境之清寥；“枕函攲”，又极见人之无聊。此时心情，知之者其唯“枕函”乎！以下写景，又由室内推移室外，时间已由上片的白昼推移到夜晚。“月分明，花淡薄”，这正是花好月圆之夜。花的“淡薄”是沐浴月光之故，但这花好月圆，却不能慰藉孤栖者的愁怀，反而徒增感伤。以乐景写哀，倍增其哀。同一美好之花、月，分形以“淡薄”、“分明”的对比词语，拨换字面，颇增情致。

读者还应想象，此词在歌筵演唱时该是何等情味。它出句短促而整齐，断而不乱，真有明珠走盘之清脆感、节奏感。俞陛云谓其词“如以线贯珠，粒粒分明，仍一丝萦曳”（《五代词选释》），乃深具会心之谈。

谒金门

（五代）◎ 孙光宪

留不得！留得也应无益。白纻春衫如雪色，扬州初去日。

轻别离，甘抛掷。江上满帆风疾。却羡彩鸳三十六，孤鸾还一只。

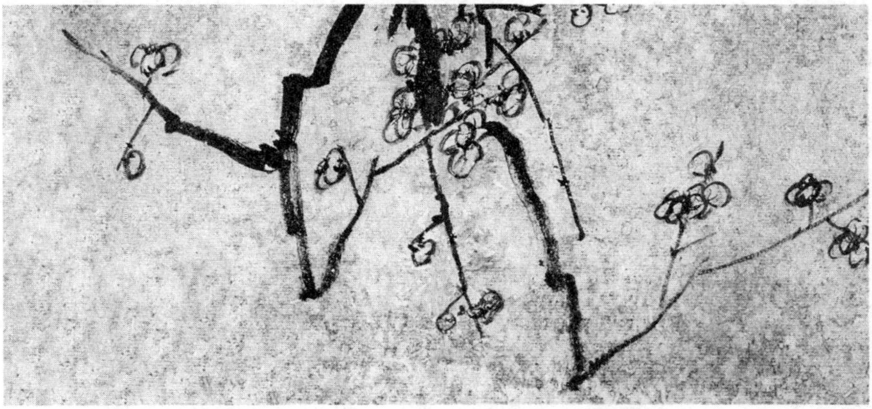

这首词通首作独白语气，有说是写游子飘泊之感的，有说是代闺人抒写怨情的。细玩词意，当以后说为是。

词一开头就是突如其来的两句话："留不得！留得也应无益。"令人摸不着头脑。然而这话中却分明暗示着一个富于情节性的离别场景：一方挽留无效，恋恋不舍；一方去意已定，没有多少回旋余地。恰如南朝乐府《那呵滩》所写的，这一个虽"愿得篙橹折，交郎到头还"，那一个却"篙折当更觅，橹折当更安"，怎样也留不下的。这两句语意似重复而实有微妙区别，"留不得"是说对方不可留，"留得也应无益"是说自己也不愿强留。这样退一步、分两层说来，就把当时离别的情事烘托得更加细致入微，同时活画出回味那一段不是滋味的往事时，女主人公无奈而恼乱的情态。刘熙载论词说："大抵起句非渐引即顿入，其妙在笔未到而气已吞。"（《艺概》卷四）这里即属顿入手法，一开始就以丰富的情节性吸引住读者。

这两句怨意极深，语气坚决，像要与对方一刀两断似的，然而在反复其言中，已暗自流露出"休即未能休"的意态。所以，以下两句从情事说是承上两句叙写那人去时的情况，感情色彩却大不同，来了个一百八十度的大转弯，语气变得十分温柔了。她不但把那人初去扬州的日子记得清楚，连他的穿着打扮也记得如此分明。"春衫"是轻巧称身的，既言"白纻"又譬之"雪色"，乃极形其光泽夺目。三、四句倒装。"白纻"句来得很突兀，要读到"扬州初去日"，联系前文"留不得"，方知写的是何人。这

孙光宪（895?—968），字孟文，自号葆光子，陵州贵平（今四川仁寿）人。唐时为陵州判官。天成初（926）避地江陵，后事南平三世。累官检校秘书少监兼御史中丞。归宋后授黄州刺史。近人王国维辑有《孙中丞词》1卷。

样倒置却使那“春衫”给人的印象更为鲜明深刻，不写人而写衣，不但能启发读者积极的联想，而且也符合人物心理的真实。因为经过时间的筛选，人们记忆中往往只残存着一些最为鲜明生动的细节印象，而他们也往往通过那不可磨灭的细节印象回忆过去的一切。“白纻春衫如雪色”这个特写镜头包含的形象语言极其丰富，不仅一个翩翩少年俨在，而且还显示出那是个柳暗花明的春天，少年的去处又是繁华的扬州。由此，被他抛撇的人儿的心情便可想而知。

过片三句紧承上意，那人挂帆东下，忍心抛下自己而去。“江上满帆风疾”虽是个客观描写的句子，却含“怨归去得疾”的主观色彩，展现的正是“去年下扬州，相送黄鹤楼。眼看帆去远，心逐江水流”（李白《江夏行》）的情景，而更为含蓄。所以汤显祖评道：“‘满帆风，吹不上离人小船’，今南词中最脍炙人口。只此一曲数语，已足该括之矣。”“轻别离，甘抛掷”，则照应“留不得”二句，指责那人薄情狠心，语气又峻急起来。而结尾两句又有所缓解：“却羡彩鸳三十六，孤鸾还一只。”羡鸳鸯成双成对，叹自己如孤鸾一只，则爱他之情还是很深的。说彩鸳成双不够，还要说“三十六”，仿佛面对一场集体婚礼，叫人羡慕死了。此句脱胎于古乐府《相和曲·鸡鸣》“鸳鸯七十二，罗列自成行”，乃极言美满姻缘之多。说孤鸾不够，还要强调“一只”，乃极言自己之不幸。不明写“悲凄”而写“羡”，怨意却通过“还”字含蓄表出，言有尽而意无穷。

王国维说：“诗之境阔，词之言长。”（《人间词话》）这首词与李白《江夏行》情事相近，又同属代言体，李诗的篇幅较长，叙事具体，许多生活情景都直接展现；本词体短小，运用了顿入、突接、比兴等手段，由简短的独白显示出丰富的情事，是一大特点。这首词有许多过情语，如“留不得”二句，“轻别离”二句，把话说到了尽头。但“辞愈说尽而情愈无穷”，“正因为爱他的情太深，所以怨他的情就更切，于是说出的话即使是冤枉他，也顾不得了，就把怨他的情尽量地倾吐出来。这种写法可谓体贴入微，又极其自然”（刘永济）。

甘草子

（宋）◎ 柳　永

秋暮，乱洒衰荷，颗颗真珠雨。雨过月华生，冷彻鸳鸯浦。

池上凭阑愁无侣，奈此个、单栖情绪！却傍金笼共鹦鹉，念粉郎言语。

柳永（？—1053），字耆卿，原名三变，字景庄，世称柳七，崇安（今属福建）人。景祐进士。官至屯田员外郎，故又称柳屯田。卒于润州。有《乐章集》。

柳永小词亦有可观者，如这首《甘草子》就是一篇绝妙的闺情词。

上片写女主人公池上凭栏的孤寂情景。秋天本易触动寂寥之情，何况“秋暮”。“黄昏独自愁，更著风和雨”，则主人公愁苦可知。“乱洒衰荷，颗颗真珠雨”，不但比喻贴切，句中“乱”字亦下得极好。它既写出雨洒衰荷历乱惊心的声响，又画出跳珠乱溅的景象，间接地还显示了凭栏凝伫、寂寞无聊的女主人公的形象，其心绪也恰可著一个“乱”字。紧接着，以顶针格写出后两句：“雨过月华生，冷彻鸳鸯浦。”词连而境移，可见女主人公在池上栏边移时未去，从雨打衰荷直到雨霁月升。雨来时池上已无鸳鸯，“冷彻鸳鸯浦”即有冷漠空寂感，不仅是雨后天气转冷而已，这对女主人公之所以愁闷是一有力的暗示。

过片“池上凭阑愁无侣”一句收束上意，点明愁因。“奈此个、单栖情绪”则推进一层，写孤眠之苦，场景也由池上转入屋内。写无侣单栖滋味，词中比比皆是，并不新鲜。此词妙在结尾二句别开生面，写出新意：“却傍金笼共鹦鹉，念粉郎言语。”荷塘月下，轩窗之内，一个不眠的女子独自在调弄鹦鹉，自是一幅绝妙仕女图，画中再度流露出她的寂寞无聊的情绪。而画图难足的，是那女子教鹦鹉念的“言语”，乃属于“私房话”。不直写女主人公念念不忘“粉郎”及其“言语”，而通过鹦鹉学“念”来表现，尤觉婉曲含蓄。骤闻鸟语，如对故人，可聊以自遣自慰，然而岂能持久？鸟语之后，反而会平添一种凄凉。所以这画面表现的况味又相当复杂。这个结尾，使全词臻于妙境。

《金粟词话》云：“柳耆卿‘却傍金笼共鹦鹉，念粉郎言语’，《花间》之丽句也。”其实“真珠”、“月华”、“鸳鸯”、“金笼”、“鹦鹉”等皆具辞彩，写环境的华美不能掩盖人物心境的空虚，适有反衬的妙用状出女主人公亦如金笼之孤鸟。词中两用鸟名，“鸳鸯”乃虚写，“鹦鹉”是实写，各有妙用。

张先（990—1078），字子野，湖州乌程（今浙江吴兴）人。天圣八年（1030）进士。曾任吴江令。晏殊知永兴军，辟为通判。官至尚书都官郎中。晚年退居湖杭之间。有《安陆词》。

一丛花令

（宋）◎ 张　先

伤高怀远几时穷？无物似情浓。离愁正引千丝乱，更东陌、飞絮蒙蒙。嘶骑渐遥，征尘不断，何处认郎踪？　双鸳池沼水溶溶，南北小桥通。梯横画阁黄昏后，又还是、斜月帘栊。沉恨细思，不如桃杏，犹解嫁东风。

一起即问“几时穷”，表明女主人公登高望远，不止一次。它略去了前此许多情事，也概括了前此许多情事。“无物似情浓”是一个大判断，它出现在前句的铺垫之后，就不是泛泛而谈，而是切身体会。“丝”字双关“思”字，不说是万千柳丝引起离愁，却说是离愁引得柳丝纷乱，无理语即情至语。“嘶骑渐遥”是别时情景，点明伤高怀远所为何来。

双鸳池沼，南北通桡，暗示往日幽会情事。梯横画阁，斜月帘栊，暗示当时有爬窗子、跳粉墙一类情事。既然闹到这个份上，为什么又不出嫁呢？《古今词话》载花边新闻：张先尝与一少尼私约，因老尼性严，只得俟夜深人静，少尼放下绳梯，俾张先登阁相遇，张遂有此词。这话可信不可信？据南宋程垓《书舟词》自注：“有尼从人而复出者，戏用张子野事赋此。”看来宋人是信的。

于是此词所写，就不是一般意义上的闺情，而是尼姑思凡之情，是为被禁锢的人性叫屈。而“沉恨细思，不如桃杏，犹解嫁东风”则是古今通赏之俊语，欧阳修就曾戏呼张先“桃杏嫁东风郎中”，以表欣赏。

千秋岁

（宋）◎张　先

数声鹈鴂，又报芳菲歇。惜春更把残红折。雨轻风色暴，梅子青时节。永丰柳，无人尽日花飞雪。　莫把幺弦拨，怨极弦能说。天不老，情难绝。心似双丝网，中有千千结。夜过也，东窗未白孤灯灭。

《千秋岁》这个词调声情激越，宜于抒发抑郁情怀。此词若仅看上片，可能被理解为伤春惜花，然而读到下片，才知道它写的是爱情横遭阻抑的幽怨情怀和坚定不移的决心。

上片沉痛地回顾爱情遭到的破坏，然无一语明说。首二句源于《离骚》“恐鹈鴂之先鸣兮，使夫百草为之不芳”，“又报芳菲歇”著一“又”字，意思是好不容易才待到花开，又报花谢了。真是来也匆匆，去也匆匆。“惜春更把残红折”，与其说是记实，不如说是象征着被破坏而犹坚持的爱情。“雨轻风色暴”二句是上片最为重要而又精彩的两句，表面是写时令、写景物，但双关的是爱情遭受的打击。“梅子黄时雨”是正常的，而谁料“梅子青时节”就横遭风雨的摧残，它象征的是初恋即遭到外来的阻力，从此，主人公就饱受寂寞凄清。煞拍两句语出白居易“永丰西角荒园里，尽日无人属阿谁”，本咏柳，此喻指女方。

下片写不屈服于压力的爱的信念。在换头处另起新意，向来认为只有高手能办。“幺弦”指琵琶第四弦，其音最高。词以反言的方式，说明幺弦怨极，必然会发出倾诉不平的最强音。“天不老，情难绝”，反用李贺“天若有情天亦老”诗句，肯定天难老情亦难绝。以下更出妙喻，说爱情的力量早把双方紧紧地连结在一起，“心似双丝网，中有千千结”，“丝”谐音双关“思”，双层丝网，不仅比喻情结之多，而且暗示两人同心，彼此织成一个情网，把双方牢牢实实地系住，一损俱损。这是全词表达感情的高峰，也是全词的警策所在。末二句意言情思未了，不觉春宵已过，这时东方已白，残月犹明。以景结情，有不尽之味。

清陈廷焯《白雨斋词话》说张先词“有含蓄处，亦有发越处；但含蓄不似温韦，发越亦不似豪苏腻柳”，此词即可以说是含蓄与发越兼而有之。具体而言，上片较为含蓄，下片转而发越，情思婉曲而语言流畅，别致隽永，是其所长。

江南柳

（宋）◎ 张　先

隋堤远，波急路尘轻。今古柳桥多送别，见人分袂亦愁生。何况自关情。　　斜照后，新月上西城。城上楼高重倚望，愿身能似月亭亭，千里伴君行。

此调即双调的《忆江南》。词中别情，调名“江南柳”，兼关题意。通首作女子口吻。

全词要点在“自关情”三字，开篇却从别路写起。隋炀帝时开通济渠，河渠旁筑御道，栽种柳树，后人称为“隋堤”。这是一个水陆交通要道，成日里不知有多少车马在大路上来往，扬起“路尘”；不知有多少船只扬帆东下，随波逐流；也不知有多少人在长堤上折柳送别，以寄深情。前二句通过“隋堤”展示了一个典型的送别环境，“波急”与“路尘轻”分写水陆行程，暗示离别图景，寄有依依别情。一个“远”字，对别者是长路漫漫，含有旅愁；对送者则刻画出依依目送的情态。八个字的含意可谓丰富。这两句着重从眼前、从水陆两路，横向地展开送别图景；第三句则着重从古往今来，纵向地展示送别情事。一个“多”字，概括性极强，几乎将古今天下此中人事全都囊括。正因为别情是如此普遍，也就容易唤起“见人分袂亦愁生”的同情感了。

上片前四句没有具体写到个人送别情事，只客观地叙写普遍的离情，“亦愁生”三字微露主观情感。末一句则用“何况”二字造成递进，突出“自关情”——即个人眼前的离别情事。由于递进，便觉深刻。

过片词意有一大跳跃，已经是别后。别时种种情事都被省略了，这里着重写送者在城楼望月的情景。“斜照后”三字非虚设，它表明送者在城楼延伫的时辰之久，从日落到月出。“重望”又表明先已望过，“隋堤远”数句正是日落前望中之景，重望时应当是不甚分明了。于是送者抬头望新月，并由此而产生了一个幻想：“愿身能似月亭亭，千里伴君行。”情味与李白“我寄愁心与明月，随风直到夜郎西”（《闻王昌龄左迁龙标遥有此寄》）相类，但“亭亭”二字却把月的意象女性化了，而送者的女子身份亦由此见出，“千里伴行”的说法更是充满挚意柔情。

词没有具体刻画送别情事，更没有刻意作苦语，但通过古今别情来衬托一己的别情，有烘云托月之妙，将一己别情写得非常充分。词也没有点明双方身份、关系，“君”甚至未直接露面，但通过新月亭亭的意象和伴行的着想，给了读者明确的暗示。词的语言明快素朴，情调清新健康，在送别之作中颇有特色。

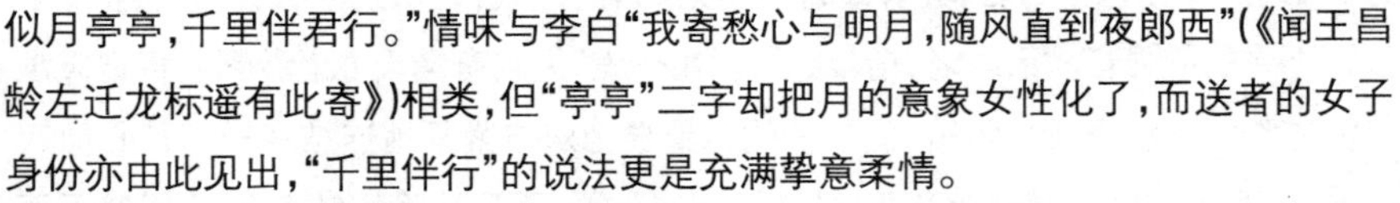

蝶恋花

（宋）◎ 欧阳修

欧阳修（1007—1072），字永叔，号醉翁，晚号六一居士，吉水（今属江西）人。“唐宋八大家”之一。天圣八年（1030）进士。曾任枢密副使、参知政事。因议新法与王安石不合，退居颍州。谥文忠。曾与宋祁合修《新唐书》，并独撰《新五代史》。有《欧阳文忠公集》、《六一词》等。

庭院深深深几许？杨柳堆烟，帘幕无重数。玉勒雕鞍游冶处，楼高不见章台路。　　雨横风狂三月暮，门掩黄昏，无计留春住。泪眼问花花不语，乱红飞过秋千去。

词写闺怨，亦见于冯延巳《阳春集》。而据李清照《临江仙》词序说“欧阳公作《蝶恋花》有‘深深深几许’之句，予酷爱之，用其语作‘庭院深深’数阕”，易安去欧公未远，说当可信。

上片写春闺寂寞，推想男人在外寻欢作乐。首句连用三个“深”字，复叠的同时顶针，音节可爱，源于晚唐人诗（如刘商“夜夜夜深闻子规”）。“杨柳堆烟”二句，是“庭院深深”的具体说明，“堆”字妙，“杨柳堆烟”是写深，“帘幕无重数”更是写深，一连串“深”字，写出一颗被禁锢的与世隔绝的心灵。

“玉勒雕鞍”二句是词中人心理活动，是对男人久别不归的一种合理推想（即“浮云蔽白日，游子不顾返”）。“章台路”是汉代长安街名，道旁种杨柳，是当时的红灯区（“游冶处”）。“楼高不见”云云是闺中翘首情态，正是：看又看不见，越想越恼火。

下片写伤春伤别，无可奈何的情绪。前写“杨柳堆烟”，已见是暮春情景，“雨横风狂”句更点出是落花时节，“横”字写雨势横飞得妙，非亲见者道不出也。说是“留春”的无计，实含使丈夫回心转意的无计。末二句“问花”亦自问，问什么未明说，总是同情之一问，盖少妇从落红飘零中照见的是自身的不幸，造意措语皆耐味。

《古今词论》引毛先舒云：“因花而有泪，此一层意也；因泪而问花，此一层意也；花竟不语，此一层意也；不但不语，且又乱落，飞过秋千，此一层意也。人愈伤心，花愈恼人，语愈浅而意愈（深）入，又绝无刻画费力之迹，谓非层深而浑成耶？”其意是说，作词用意层深则易见刻画，措语浑成则易流肤浅，像这样既层深又自然，做到层深和浑成统一，最为难能可贵。

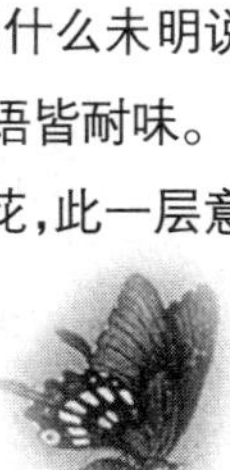

生查子

（宋）◎ 欧阳修

去年元夜时，花市灯如昼。月上柳梢头，人约黄昏后。
今年元夜时，月与灯依旧。不见去年人，泪满春衫袖。

此词作者或作朱淑真，或作秦观，但南宋曾慥编《乐府雅词》作欧阳修，较为可信。“元夜”即今元宵灯节。此词妙于构思，结构上纯用桃花人面之法。上片说去年，下片说今年，而以元夜、花灯、人月等字面相互映带，一切皆是，唯有人非，有力突出了怀思之情。

《生查子》属双调不换头（重头），五言齐言体用仄韵，本篇采用文义并列的分片结构，形成章的重叠，歌曲反复一遍，回环唱叹，有风人之致。此后词人多效此体，如王迈《南歌子》上片以“家里逢重九”起，下片以“官里逢重九”起；吕本中《采桑子》上片以“恨君不似江楼月”起，下片以“恨君却似江楼月”起；辛弃疾《采桑子》上片以“少年不识愁滋味”起，下片以“而今识尽愁滋味”起。或袭用，或翻新。而此词明快浅切有民歌风味，则为诸词所不及。

卜算子

（宋）◎ 杜安世

尊前一曲歌，歌里千重意。才欲歌时泪已流，恨应更、多于泪。　　试问缘何事？不语如痴醉。我亦情多不忍闻，怕和我、成憔悴。

杜安世（1040?—1112），字寿域，京兆（今陕西西安）人。《全芳备祖》称杜郎中。有《杜寿域词》1卷。

这首词写闻歌有感。一位歌女的动情演唱引起词人强烈共鸣，不禁一掬同情之泪。其情事大类白居易《琵琶行》，然而小词对于长歌，在形式上有尺幅与千里之差别。手法正不同之故也。

上片写歌女的演唱，相当于白诗对琵琶女演奏的叙写。“尊前一曲歌，歌里千重意”，一曲歌而能具千重意，想必亦能说尽胸中无限事；而这“无限事”又必非乐事，当是平生种种不得意之恨事。这是从后二句中“恨”、“泪”等字可得而知的。首二句巧妙地运用了对仗加顶针的修辞，比一般的“流水对”更见跌宕多姿，对于歌唱本身亦有模拟效用。“才欲歌时泪已流”一句乃倒折一笔，意即“未成曲调先有情”也。“恨应更、多于泪”，又翻进一笔，突出歌中苦恨之多。白诗对音乐本身的高低、疾徐、滑涩、断连等等，都有极为详尽的描摹形容；而此词没有也不可能对歌曲本身作直接描绘，但它通过一曲歌——千重意——泪已多——恨更多的层层翻进，已能启发读者去想象那歌声的悲苦、婉转与动听了。

换头“试问缘何事？不语如痴醉”，对歌女的悲凄身世作了暗示，相当于琵琶女放拨沉吟、自道辛酸的大段文字。但白诗中的详尽直白，在此完全作了暗场的处理，或者说设置为悬念了。当听众为动听的演唱感染至深，希望进一步了解歌者身世时，她却“不语如痴醉”。这样写固然是受小令体裁的限制，然而却又取得了“此时无声胜有声”的效果。

下片末三句写词人由此产生同情并勾起自我感伤，相当于白居易对琵琶女的自我表白。但白诗明写了“同是天涯沦落人，相逢何必曾相识”的认同感和缘由，此词却没有。他只说“我亦情多不忍闻”，好像是说歌女不语也罢，只怕我还受不了呢。由此可知，这里决不是一般的“情多”导致感伤，而是词人已从歌词本身猜测到歌女身世隐痛，又联系到个人某些经历，产生了一种同病相怜、物伤其类的感情。非如此决不至于“怕和我、成憔悴”的。

可见歌行所长在叙事，妙在形容的委曲详尽，得其情实；小令所善在抒情，妙在悬念的设置，化实为虚，得其空灵。此外，这首词在运笔上颇饶顿挫，上片用递进写法，下片则一波三折：试问——不答——即答亦不忍闻，读来便觉引人入胜。《卜算子》词调的两结语，本为五言句，此词则各加了一个衬字变成六言句（三三结构）。大凡词中加衬字者，语言都较通俗，此词亦然。

清 平 乐

（宋）◎ 晏几道

晏几道（1040?—1112），字叔原，号小山，抚州临川（今江西抚州）人。晏殊第七子。曾因郑侠上书请罢新法牵连入狱。后任颍昌府许田镇监。晚年退职家居。有《小山词》。

留人不住，醉解兰舟去。一棹碧涛春水路，过尽晓莺啼处。　　渡头杨柳青青，枝枝叶叶离情。此后锦书休寄，画楼云雨无凭。

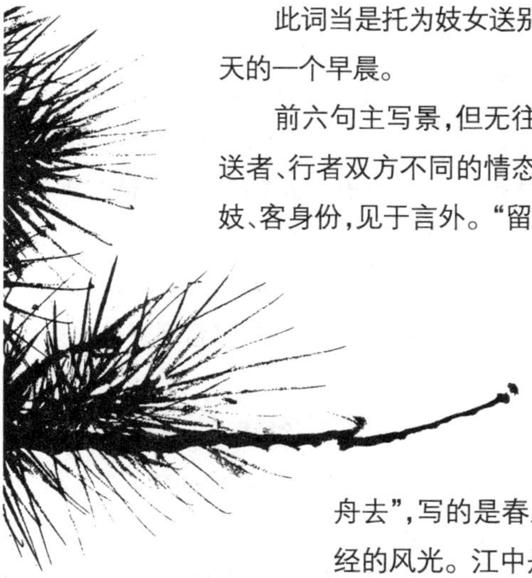

此词当是托为妓女送别情人之作。离别在一个渡口，时间是春天的一个早晨。

前六句主写景，但无往非情。“留人不住”四字，扼要地写出送者、行者双方不同的情态：一个曾诚意挽留，一个却去意已定。妓、客身份，见于言外。“留”而“不住”，已启末二句之怨思。从次句看，分手前有一个饯行酒宴。席间那个不忍别的送行女子，哪里吃得下去；而即将登舟上路的男子，却喝了个“醉”。“一棹碧涛春水路，过尽晓莺啼处”二句紧承“醉解兰舟去”，写的是春晨江景，也是女子揣想情人一路上所经的风光。江中是碧绿的春水，江上有婉转的莺歌，是那样的宜人。这景象似乎正是轻别的行者轻松愉快的心境的象征。他就这样地走了，想起来多么令人难堪！“渡头杨柳青青，枝枝叶叶离情”则遥应“留人不住”句，是兰舟既发后渡头空余的景物，也是女子主观感觉中的景，所以那垂柳“枝枝叶叶”俱含“离情”。以上四句写景，浑成完整，却包含两种不同情感的象征。初读似以常语写常景，久读而觉字字句句皆含怨意。

后两句写情。上文讲到挽留、讲到离别，充满依依不舍的缠绵的情绪，这里却突然转折，说出决绝的话，寄语对方“此后锦书休寄”，因为“画楼云雨无凭”。——我们青楼女子是靠不住的，你今后不必来信了，从此割断感情的联系。似乎不可理解，其实这是负气之言，其中暗含难言之隐。妓女社会地位低下，没有爱的权利，即使有了倾心的男子，也没有长聚不散之理。彼此结欢之夕，纵使“枕前发尽千般愿”，时过境迁，便“留人不住”。有感于此，所以干脆叫对方“此后锦书休寄”了。话虽如此，心情还是矛盾的。故周济《宋四家词选》评：“结语殊怨，然不忍割弃。”

先是脉脉含情之语，后转为决绝语，二者相反相成。因多情而生绝望，绝望恰表明不忍割舍。末二语锻炼精纯，足称警策。

洞仙歌

(宋)◎苏　轼

苏轼(1037—1101),字子瞻,一字和仲,号东坡居士,眉州眉山(今属四川)人。苏洵子。嘉祐进士。曾上书力言王安石新法之弊,因作诗刺新法下御史狱,贬黄州。哲宗时任翰林学士,曾出知杭州、颍州,官至礼部尚书。后又贬谪惠州、儋州。历州郡多惠政。卒谥文忠。有《东坡七集》、《东坡易传》、《东坡书传》、《东坡乐府》等。

冰肌玉骨,自清凉无汗。水殿风来暗香满。绣帘开,一点明月窥人。人未寝,倚枕钗横鬓乱。　　起来携素手,庭户无声,时见疏星渡河汉。试问夜如何?夜已三更,金波淡,玉绳低转。但屈指西风几时来,又不道、流年暗中偷换。

这首词描写了后蜀国君孟昶与宠妃花蕊夫人夏夜在摩诃池边纳凉的情景,刻画了花蕊夫人姿质与心灵的美好、高洁,表达了词人对时光流逝的深深惋惜和感叹。

“冰肌玉骨,自清凉无汗”,拥有这种姿质的女子是多么曼妙。而这样的曼妙女子并非杜撰,历史上确有其人,她就是后蜀孟昶皇帝的宠妃花蕊夫人。这是一位才色艺俱佳的妃子,有《宫词》百首传世。虽然她的结局悲惨,后蜀灭亡后,她被俘入宋,不从而被赵匡胤射杀。但是作为一个女人,她在蜀宫中得到了孟昶真挚的爱情,也是不幸之中一大幸矣。

上片写花蕊夫人帘内倚枕。首二句写她风姿绰约:有冰之肌,玉之骨,本自清凉无汗。接下来,词人用水、风、香、月等清澈的环境要素烘托女主人公的冰清玉润,创造出境佳人美、人境双绝的意境。其中“窥”字用得好。中国四大美女之一的貂婵有“闭月”之姿,词人写花蕊之美,用其意而翻出新巧,用拟人手法,以月“窥”人、偷偷地打量美人,仿佛在暗暗与她相比,来衬托花蕊夫人的美丽。其后,词人借月之眼窥美人倚枕的情景,以美人不加修饰的残妆——钗横鬓乱,反衬她姿质的美好。这种妆束,既适合当时夜深人静,将要休息时的场景;也更体现出花蕊夫人神情闲适、不假修饰的天生丽质,姿态妩媚而动人。上片所写,是从旁观者的角度对女主人公所作出的观察。

下片直接描写人物自身,通过女主人公与爱侣偕行的活动,展示她美好、高洁的内心世界。“起来携素手”写女主人公已由室内独自倚枕,起来与爱侣户外携手纳凉闲行。“庭户无声”,制造出一个夜深人静的氛围,暗寓时光在不知不觉中流逝。“时见疏星渡河汉”,写二人静夜望星。以下四句写月下徘徊的情境,为纳凉人的细语温存进行气氛上的渲染。作者通过写环境之静谧和斗转星移之运动,表现时光的推移变化,为写女主人公的思想活动作好铺垫。结尾三句是全词点睛之笔,传神地揭示时光变化之速,表现女主人公对时光流逝的深深惋惜。如果结合这一对神仙眷侣最后的悲惨结局,这感叹包含了多少人世沧桑。

这首词的作者苏轼,不仅仕途坎坷,情感生活也多波折。与他情投意合的王夫人早逝,他写下了著名的《江城子》“十年生死两茫茫”来纪念。此词写古代帝王后妃的生活,赞美艳羡中附有作者自身深刻的人生感慨。

浣溪沙

（宋）◎ 秦　观

漠漠轻寒上小楼，晓阴无赖似穷秋，淡烟流水画屏幽。
自在飞花轻似梦，无边丝雨细如愁，宝帘闲挂小银钩。

秦观（1049—1100），字少游，又字太虚，号淮海居士，高邮（今属江苏）人。“苏门四学士”之一。元丰八年（1085）进士。曾任秘书省正字，兼国史院编修官等职。坐元祐党籍，累遭贬谪。有《淮海集》。

此词写小楼春感，并无具体情事，而专致于玩味春阴天气带来的轻愁浅恨，着力建造一个幽微细致的心境，最见词体特长。

上片由春寒上楼写到楼中陈设。“漠漠”是轻淡而弥漫的存在状态，一般用来形容烟雾，词中用来写气温。通常的理解，此句写主人公在春阴微寒的天气中登上小楼。也有人认为“轻寒”才是主语，算是别解。暮春气温本已回升，次句说寒潮一来，天气却像回到了深秋。“无赖”是埋怨的语气，因为随着气温下降，人的情绪也为之低落，感到没劲、无聊。三句专写室内陈设，“淡烟流水”是画屏上的景物，这清幽的景物也就与楼上的轻寒深秋般的感觉打成了一片。

下片从楼外阴雨天气再写到楼中陈设，沈际飞谓“精研不减南唐（中主）”。过片联语梁启超赞为“奇句”，妙在比喻的创意。两句实写景，“飞花”、“丝雨”是本体，而“梦”与“愁”是喻体，两两本不相干，但词人却发现它们有轻而自在、细而无边的共同点，发人所未发。通常的比喻，是用具象的喻体来比抽象的本体，以使本体获得形象性，此二句却反其道而行之，用抽象的喻体来比具象的本体，从而使本体获得空灵感。同时“梦”、“愁”也暗示主人公独处一楼所应有的情态，把这比喻的本体、喻体倒个个儿，非常有味。“词心”之誉，正要从此中领会。

有人将此二句实看做“以飞花和细雨形容梦和愁”，未免有负作者深心。以落花、细雨写梦状愁，南唐中主已有“细雨梦回鸡塞远”、“丁香空结雨中愁”、“风里落花谁是主”等名句，但总不如这两句天然成对，后出转精。末句又是纯写楼景，然而宝帘被银钩挂起，楼上人倚窗凝神注视着窗外细雨、飞花的情态，也一并画出。

这种精微的词境，无法苛求以社会意义，却不能不承认它的审美价值。作者在咀嚼他那一份闲愁的同时，也就获得了某种审美的满足，从而消除了一些寂寞和烦恼。此词笔致疏淡，毫不用力，运用了“漠漠”、“轻”、“小”、“淡”、“幽”、“自在”、“轻”、“丝雨”、“细”、“闲”、“小”等一系列轻描淡写的字面，在平淡中却带有极为细腻敏锐的生活感受，最能表现词境特有的婉约细腻之美。正是在这种意义上，我们称秦观为一位本色的词人。

周邦彦(1056—1121)，字美成，号清真居士，钱塘(今浙江杭州)人。元丰初，为太学生，以献《汴都赋》为神宗所赏识，命为太学正。后任庐州(今安徽合肥)教授、溧水县令。徽宗时，提举大晟府。有《清真居士集》，已佚，今存《片玉词》。

诉衷情

(宋)◎ 周邦彦

出林杏子落金盘。齿软怕尝酸。可惜半残青紫，犹印小唇丹。　　南陌上,落花闲。雨斑斑。不言不语,一段伤春,都在眉间。

由于词体产生于歌筵,故唐宋词中女性形象占优势。周邦彦便是一个善为女主人公传神写照的能手。此词写少女伤春,大抵用两种笔墨,相映成趣。

上片用工致之笔，刻画一个具体情节。“出林杏子”一句,先就暗示了这是杏子刚刚成熟的时节,即暮春时候。金盘里的杏子是摘来的,词人却写做“落金盘”,不但新颖,而且妥帖(“落”则熟也)。不过第一批出林的杏子,乃属尝鲜之列,并未熟透甜透。这从它“青紫”相间的颜色可知,这恰是“试摘犹酸赤未黄”(韦应物)呢。所以少女刚品尝一口,便“齿软怕酸”了。南宋杨万里著名诗句“梅子留酸软齿牙”(《闲居初夏午睡起》),说出同样的道理。所谓“齿软”,是一种形象化的说法,俗语称之“倒牙”。其结果便留下半枚残杏,“可惜半残青紫,犹印小唇丹”。这个特写镜头很俊爽,一个青紫相间的残杏上,留下小小口红痕印,被撂在一边。则那咬杏的人儿,酸在口中,蹙到眉尖的情景,悠然可会。这样联想,可以直通词尾的“眉间”。

下片则用较空灵的笔触,烘托出少女伤春情事。“南陌上,落花闲。雨斑斑”三句用速写简妙笔墨,勾勒出一个背景。“斑斑”二字本形容落花狼藉情态,此承“雨”字作形容,又兼有“桃花乱落如红雨”(李贺)的意趣,不独见春雨之骤急。最后三句则着力写人物的表情及心理,上片写少女尝杏,酸到眉尖,这里一幅暮春之景,则那眉间的酸意,又不全为青杏而然了:“不言不语,一段伤春,都在眉间。”虽然表现只在眉间,那“酸”却是透彻心底的。

这首词的妙处,就在于作者将少女尝鲜得酸的偶然情事,与其怀春心酸的本质内容勾连,以前者触发后者,似不经意,实具意匠经营。“花褪残红青杏小”(苏轼)乃是暮春的景色,但作者不仅写了景色,还就此发展成一段生活情事,便觉活泼可爱。善于言情叙事,闲中着色,是周邦彦拿手的本领。参阅“并刀如水,吴盐胜雪,纤手破新橙”(《少年游》),便与此词上片有异曲同工之妙。而此词的尝杏怕酸的情节,似乎对妙龄怀春的心境还有一重象喻作用，即暗示着少女心中萌发的爱情追求，就像吃杏子一样,想要尝试,又怕齿酸,而“眉尖心上,无计相回避”(范仲淹)。这种微妙心理,词中写得很是真切。

菩萨蛮

（宋）◎谢　逸

暄风迟日春光闹，蔔萄水绿摇轻棹。两岸草烟低，青山啼子规。　　归来愁未寝，黛浅眉痕沁。花影转廊腰，红添酒面潮。

谢逸（？—1113），字无逸，号溪堂，抚州临川（今江西抚州）人。屡试不第，然以诗文名于一时。曾作蝴蝶诗300首，世称谢蝴蝶。有《溪堂词》。

这是一首春闺怨词，女主人公的情绪有一个由不怨到怨的发展过程。

“暄风迟日春光闹，蔔萄水绿摇轻棹”，一开始词人就用浓墨重彩，描绘出一幅春日冶游图景，虽无一字及人，而人在其中。“暄风”，即春风；“迟日”，即春日。而“暄”、“迟”二字，能给读者以春暖日长的感受。“春光闹”显然是“红杏枝头春意闹”（宋祁）的名句的化用，虽是概括的描写，却能引起姹紫嫣红开遍的联想。将春水比作葡萄美酒（点化自李白《襄阳歌》），则暗示着游春者为大好春光陶醉，不徒形容水色可爱。画桡轻扬，春风吹衣，阳光和煦，其乐如何。不同境遇的人对韶光的感受也应不同，对于此词的女主人公，春天的良辰美景同时便是触发隐衷的媒介。

“两岸草烟低，青山啼子规”二句，就是由乐转悲的一个过渡。虽然看起来只是写景，船儿划到一个开阔去处，水平岸低，时闻杜鹃。古典诗词中的语汇与意象有其特殊的内容积淀，那芳草萋萋的景色，就暗示着情亲者的远游未归（《楚辞·招隐士》：“王孙游兮不归，春草生兮萋萋。”）。那“不如归去”的鸟语，更证实和加重了这一重暗示（范仲淹《子规》：“春山无限好，犹道不如归。”）。景语能含情事，由此可悟作词之法。

“归来愁未寝，黛浅眉痕沁”写春游归来，兴尽怨生。只“未寝”二字，便写出女主人公愁极失眠，同时完成了时间由昼入夜的转换，一石二鸟。眉间浅浅的黛色，既意味着残妆未整，又暗示着无人扫眉，己亦懒画。

这个不眠的春夜，是个月夜，于是女主人公独个儿喝起闷酒来：“花影转廊腰，红添酒面潮。”两句之妙，妙在由花影而见月，由醉颜而示闷。空灵蕴藉，句有余裕。“花影”由廊外移入“廊腰”，可见女主人公花下对月独酌已久。而喝闷酒最易醉人，看她已不胜酒力，面泛红潮了，可“醉貌如霜叶，虽红不是春”呵。如此复杂的心绪，如此难状之情景，在词人笔下表达得多么轻灵。虽“语不涉己”，已“若不堪忧”。

从温、韦到西蜀词人（即所谓“花间派”）逐渐形成了词的传统表现手法，即注重比兴与暗示，化直接的叙写为情景的感性显现，富于文采，句子间跳跃感强，句法也较灵活，风格以婉约见称。南渡以后，古意渐失。此词则较多地保留了传统的手法，这对于闺怨的题材，似乎特别相宜。

菩萨蛮

陈克（1081—？），字子高，自号赤城居士，天台（今属浙江）人。一云临海（今属浙江）人，侨居金陵。吕祉帅建康时，辟为参议。有后人辑本《赤城词》。

（宋）◎陈　克

绿芜墙绕青苔院，中庭日淡芭蕉卷。蝴蝶上阶飞，烘帘自在垂。　　玉钩双语燕，宝甃杨花转。几处簸钱声，绿窗春睡轻。

这首为历来推赏的小词，写春晓春眠，题材原属平常，但它造境深细，故能推陈出新。词意的分段不必与分片吻合，如此词前六句为烘托渐进之笔，后二句方擒题意。

首句系白居易《陵园妾》成句，“墙绕院”，给人以封闭深幽之感。而墙上爬满“绿芜”，院里不少“青苔”，大有“花径不曾缘客扫”的意味。这样开篇就有了关上门儿稳睡的架势，直通篇末。“青苔院”对“绿芜墙”，造语亦工。“中庭”已有日光，可见时辰已不早了，至少是近午了，暗示后文“春睡”之恬熟。春日毕竟可爱，光线不像夏日那么强，“淡”字用得很精细。春寒尚未全然退尽，犹卷的芭蕉，其芳心尚未被东风吹展，也含有一种朦胧的睡态，不无比喻之意。“红蔷薇架碧芭蕉”，古人庭院往往种花与芭蕉映衬成景。只写芭蕉不写花，非无花可写，只是作者用笔具虚实相间之妙，花开由下句之“蝴蝶”带出，全凭读者妙悟。

蝴蝶居然能上阶飞，也可见庭中、廊上无人。“烘帘自在垂”，暗示主人犹眠。“烘帘”指晴日烘照的帘幕，一说为熏香时垂下的防止透风的特制帘幕。写其“自在垂”，“以见其不闻不见之无穷也”（《谭评词辨》）。“自在”二字写出作者的主观感受。这时，并非全无动静：玉钩之上，语燕双双，它们是尚未穿帘飞去，还是已试飞归来？宝甃（井壁，代指井）之上，杨花点点，“转”字深得庭中飞花之趣。杨花落地无声，燕语呢喃，更添小院幽静。

这样，前六句就一层深一层地写足庭院之静穆，使人心清。于此环境再写“绿窗春睡”，不须着意，幽趣自佳。然而，作者并不满足于此，偏在这里独出新语，以倍增其境的佳妙。关于“簸钱声”有两说，一曰风吹榆钱的沙沙声，一曰古代游戏的簸钱之声（王建《宫词》就有这类描写：“暂向玉华阶上坐，簸钱赢得两三筹。”）。二说之中，以后说为近似。几处少女在作簸钱之戏，发出轻微声响，不断传入耳鼓，与绿窗春睡互相映照，最见情趣。

末句从晏几道《更漏子》“绿窗春睡浓”翻出，然“睡”下着一“轻”字，尤为妙思入神。故前人读此二句，每每称赏，谓之“殊觉其香茜”（《词林纪事》卷十）。没有前六句的衬托，词境固难深细；然倘无此二句造古人未到之境，则此词亦未见精彩。

如梦令

（宋）◎ 王之道

王之道（1093—1169），字彦猷，濡须（今安徽合肥）人。宣和六年（1124）进士。历知开州、通判安丰军、提举荆湖北路常平茶盐公事，除湖南转运判官致仕。有《相山居士词》。

一饷凝情无语，手捻梅花何处。倚竹不胜愁，暗想江头归路。东去，东去，短艇淡烟疏雨。

这首闺情词，写的是一位女子盼望心爱的人从远方归来的殷切情怀。词中对人物外貌举止着墨甚少，对其内心活动的刻画却极为深细，读时须注意其措语、用典及结构上的意匠经营。

“一饷凝情无语”，显然不是终日无言，而是忽然间因触景生情而产生的不快。从次句看，很可能是因攀折梅花所致。这情形有类于《西洲曲》“忆梅下西洲，折梅寄江北”，从忆梅到折梅，对远人的怀思有一个由无意识转入有意识的过程。折梅与怀人有关，所来自远，刘宋时陆凯赠范晔诗云：“折梅逢驿使，寄与陇头人。江南无所有，聊赠一枝春。”故次句言“手捻梅花何处”，其归趋乃在怀远。“何处”二字则有欲寄无由寄的苦恼，故“手捻”梅枝，彷徨不已。

女子所怀何人，下句更有暗示。“倚竹不胜愁”，系用杜诗《佳人》“天寒翠袖薄，日暮倚修竹”句意，用以暗示词中女主人公同心而离居的忧伤和对丈夫一往情深的盼望，同时又沿袭杜诗，有以翠竹之高节拟人之意。“暗想江头归路”，则进一步点出郎行之踪迹。想当初，他定是从“江头”扬帆远去的，而今也该从去路归来了吧！这句“暗想”联上“凝情无语”云云，又进一步通过状态表情，表现出女子的思念之深沉，那是难于用言语表达的。而“江头归路”联上“何处”云云，又使人联想到唐诗“妾梦不离江水上，人传郎在凤凰山”（张潮）的意境，使人体会到她的内心之痴迷。

从“暗想江头归路”到末二句“东去，东去，短艇淡烟疏雨”，在意象上有一个跳跃。注意两个“去”字，可知不是丈夫归途的情景，倒恰恰是他当初出发的状况。那时，他就乘着一叶行舟在烟雨迷蒙的江头离她东去，那景象是如此凄迷，又是如此记忆犹新，令人难以忘怀。这样回忆形成倒叙的结构，不仅使读者领略到更多的情事，丰富了词的内蕴，而且造成一种类乎汉诗“步出城东门，遥望江南路。前日风雪中，故人从此去”的意境，即显示出女主人公心境的悲凉，企盼的失望。

“词之难于令曲，如诗之难于绝句，不过十数句，一句一字闲不得。末句最当留意，有有余不尽之意始佳。”（张炎《词源》）这首词的作者，注意措语用意的深婉，做到了句无闲字而有余意；结尾处所造想象中境界，亦饶悠悠不尽之韵味，故称佳作。

朱淑真（？—？），女，号幽栖居士，杭州钱塘（今浙江杭州）人，一说海宁（今属浙江）人。北宋绍圣间在世，一说南宋绍定间在世。出身仕宦之家，尝随父宦游吴、越、荆、楚间。有《断肠集》、《断肠词》。

菩萨蛮

（宋）◎ 朱淑真

山亭水榭秋方半，凤帏寂寞无人伴。愁闷一番新，双蛾只旧颦。　　起来临绣户，时有疏萤度。多谢月相怜，今宵不忍圆。

这是一首闺怨词，词中应有女词人自己的影子。从“秋方半”而月未圆的描写可知，所写乃中秋节前（或后）若干日的情景。

“春秋多佳日”，而“山亭水榭”的风光当分外迷人，但词中却以极冷漠客观的笔调写出。因为“良辰美景奈何天”，消除不了“凤帏”中之“寂寞”。——独处无郎，还有什么赏心乐事可言呢？“凤帏”句使人联想到李商隐《无题》诗中的名句：“重帏深下莫愁堂，卧后清宵细细长。”如此情状，叫人怎不颦眉，怎不愁闷？有意味的是，词人使“愁闷”与“颦眉”分属于“新”、“旧”二字，“旧”字以见女主人公愁情之持久，“新”字则表现其愁情之与日俱增。一愁未去，一愁又生，这是“新”；而所有的愁都与相思有关，这又是“旧”。“新”、“旧”相映成趣，更觉情深。

辗转反侧，失眠多时，于是乃有“起来”之事。“起来”而“临绣户”者，似乎是在期待心上人的到来。然而户外所见，只不过“时有疏萤度”而已，其人望来终不来。此时，女主人公空虚的情怀是难以排遣的。在这关键处，词人给她一点安慰，写出一轮缺月，高挂中天，并赋予它人情味，说它因怜悯闺中人的孤栖，不忍独圆。“多谢”二字，痴极妙极。同是写孤独情怀，苏东坡在圆月上做文章：“不应有恨，何事长向别时圆。”朱淑真则在缺月上做文章：“多谢月相怜，今宵不忍圆。”移情于物，怨谢由我，真有异曲同工之妙。此词最有兴味之所在也正是结尾两句。

朱淑真本人的爱情生活极为不幸，作为一位女词人，她多情而敏感。词中写女主人公从缺月得到同情，不啻是一种含泪的笑颜。无怪魏仲恭在《朱淑真断肠诗词序》中评价其词为“清新婉丽，蓄思含情，能道人意中事，岂泛泛者所能及”。

宫 词

（元）◎ 柯九思

柯九思（1290—1343），字敬仲，号丹丘生。台州仙居（今浙江仙居）人。官至奎章阁鉴书博士。后寓居松江（今属上海）。有《丹丘集》。

四海升平无一事，常参已散集诸儒。传宣群玉看名画，先进《开元纳谏图》。

这是作者《宫词》组诗十五首中的第四首。

“常参”，常参官，唐代在常朝日参见皇帝的高级文官称常参官。“诸儒”，各位儒臣。“群玉”，官名，群玉内史的省称，掌管皇帝的书法名画。“开元”，唐玄宗李隆基的年号。《开元纳谏图》画的是唐玄宗听取群臣进谏的图画。这首诗大意说，天下一派升平，常参官散朝后，皇帝召集儒臣，叫群玉内史把名画献上去让他们欣赏，我就先把《开元纳谏图》进上。

表面上看，这首诗是颂圣，写太平君主与儒臣共赏名画的雅事，实际上是一首讽谏诗，读最后一句看得最明白。由最后反思全诗，可以看出它始终贯穿着讽谏的线索。

四海果真那么太平，一点事也没有吗？诗表面看起来是歌颂太平，实际上是用过头的写法暗含讽刺。不是真的天下无事，是皇帝不愿理事。那些议政的大臣无事可做，早早地就散朝了，皇帝也没有把心思放在理政上，却放在请臣下们观赏名画上。乍看起来，“常参已散集诸儒”好像皇帝勤于政事，常参官散朝后马上又召集诸儒议事，哪知道皇帝召集儒臣是要他们看名画呢！皇帝为什么要急急地召集儒臣看画呢？原来，皇帝是要炫耀自己。似乎是说，你看，我不仅能治理天下，还能搜罗欣赏这么多宝贵的名画。诗人认为，皇帝这样不理政事，炫耀骄矜，是危险的信号。如果不引起重视，发展下去，将会导致严重的后果。所以在献图的时候，诗人首先向皇帝呈进《开元纳谏图》，委婉讽谏，希望元朝皇帝像开元年间的唐玄宗一样，虚心纳谏，悉心理政，真正造就开元那样的太平盛世。同时，诗还有言外之意，如果不认真理政，像唐玄宗一样，太平盛世也可能酿出天宝那样的天下大乱。

把向皇帝的进谏用《开元纳谏图》表现出来，非常切合看图献图的背景，使进谏和全诗的内容融为一体，委婉含蓄，天衣无缝。这样写既符合宫词之体，又表现了讽谏的用心，显示出诗人淳厚的诗歌素养和精湛的创作技巧。

十六字令

（元）◎ 周玉晨

眠。月影穿窗白玉钱。无人弄，移过枕函边。

周玉晨（？—？），字晴川，朱晞颜《瓢泉吟稿》有与周晴川兄弟会饮词，瓢泉于元成宗大德前后在世，则周玉晨当为同时代人。

《十六字令》为最短的词调之一，字数少于五绝，而单位容量与表现力似之，尤具“词之言长”的特点。此词实抵一首“静夜思”。

起句单字入韵，具有涵盖以下三句的力量。这个“眠”字，重重的一顿，实含有“虽就寝实未成眠”的意味。正因为夜不能寐，才有以下对“床前明月光”的凝视、玩味和遐想。紧接着的“月影穿窗白玉钱”七字，是个工于描写的句子，它写出了失眠者对月光产生的幻觉，与“疑是地上霜”的名句异曲同工。或谓此句是“形容月光穿过圆形小窗，影子好像白玉钱一样”，殊不尽然。盖窗影投地，面积较大，绝不类钱。且下文有“弄钱”（一种游戏）之想，联系生活经验，可悟句中之景，乃月光从窗外树枝树叶的间隙透过，由于“小孔成像”的原理，在地上（或床上）形成无数小小圆影，恰似断线散落的一枚枚白玉钱。于是词人由此产生了“弄钱”游戏的联想。然而月影毕竟不是钱，静夜亦无人“弄”之，所以随着时间的推移，这些光斑逐渐改变位置，移过“枕函”。

词人极善摹描物象，尤其末二句，可谓深得静夜观影之趣。但词的意味却不止于此。它似直赋其事，却又暗中透露出词中人的心理活动。盖失眠者见月影初疑为“白玉钱”，至“无人弄，移过枕函边”，则知其非钱，乃是光影。其后必然因月光而有所思。但这一层，词人却没有像李白诗句“举头望明月，低头思故乡”那样明点，从而留下了一个空白，但读者却因此得到了更大的发挥想象的余地。

此调的句式本来就很有特点，系一、三、五、七字句各一，而排列却是按最短句、最长句、次短句、次长句的顺序为之，长短错综，极有声情摇曳之致。词人选用这个调式来表现静夜不眠之思，是非常相宜的。

仙吕·后庭花·拟古

（元）◎ 邵亨贞

铜壶更漏残，红妆春梦阑。江上花无语，天涯人未还。倚楼闲，月明千里，隔江何处山。

邵亨贞（？—？），事迹不详。

更漏将残，拂晓时分，少妇的梦也醒了。她做什么梦来？春梦，与男女情事相关的梦，思念远人的梦。再看白天，她干什么？独倚江楼，看花看船。花本无语，专为揭出，则意味少妇移情于物，见花落泪。“天涯人未还”，则包含有“过尽千帆皆不是”的失望。

一整天的倚楼凝眸，没有结果。夜晚又到来了，月亮又上来了，她望着江那边的山影，还在盼，还在等，还在苦苦思索：那人准在归途之中，谁能告诉我今夜他歇宿在哪座山间、哪所驿站？

此曲从拂晓春梦写到日间，是日以继夜的相思；从日间望江写到月夜，是夜以继日的相思。这种写法有着丰富的暗示性：少妇今夜还会作梦，等到明天还会再等。

吴宫词

（清）◎ 毛先舒

毛先舒（1620—1688），字稚黄，浙江钱塘（今杭州）人。明末秀才。诗学明代后七子，有《思古堂集》。

苏台月冷夜乌栖，饮罢吴王醉似泥。别有深恩酬不得，向君歌舞背君啼。

四大美女之一的西施是一个颇有争议的人物。想当初吴王伐越，越王俯首称臣，何其强盛。后来吴王夫差宠幸西施，滥杀忠良，大兴土木，建馆娃宫，修姑苏台，劳命伤财，民怨沸腾；与此同时，越王勾践却卧薪尝胆，励精图治，积极练兵，以求报仇雪恨。十年之后，终于伐吴成功。这两人之间的恩恩怨怨，与一个女人有了不可分割的联系，爱之者称她为国捐躯，恨之者骂她是红颜祸水。这首诗却从西施的角度出发，深入细腻地剖析了她身在吴宫心在越的心理，写得非常动人。

“苏台月冷夜乌栖，饮罢吴王醉似泥”这两句从景物写起，描写了吴宫的环境。西施一入吴宫，吴王就为她的姿色所迷，想尽办法博取美人芳心。“苏台”是姑苏台，阖闾在世时曾在山上筑烽火高台，用以观察、预防外来之敌。为了博取美人一笑，吴王将这个重要的军事基地改建为规模宏大的馆娃宫。史载为修造姑苏台，材料历经三年才积聚，五年方造成。此台高三百丈，宽八十四丈，有九曲路拾级而上，可饱览方圆二百里范围内湖光山色和田园风光。吴王倾巨资为她修建的宫殿，不可不谓恩深意重了，对此，西施却自有一种感受在心头。但她看见的不是姑苏台的美景，而是冰冷的夜晚天空挂的那一轮冷月，还有那树上栖息的乌雀。环境的清冷衬托出人物内心的愁怨和悲伤。宫中的情景是怎样的呢?宴饮结束，吴王已是烂醉如泥。诗人张籍在《吴宫怨》中描写吴王的醉态是“吴王醉后欲更衣，座上美人娇不起”，可见有了美女相伴，吴王沉浸其中，醉如烂泥。此时的吴王终日花天酒地，不理朝政，与美女们沉浸在欢乐逍遥之中。

“别有深恩酬不得，向君歌舞背君啼”这两句则写出了西施不为吴王厚遇所动的矛盾心理，入情入理，感人至深。

一个越女身在敌人的宫殿之中，心中充满的是家国之恨，背负的是振兴的重任，甚至她媚主的目的就在于消磨吴王的意志，最终消灭吴国。但俗话说日久生情，西施在吴宫中二十年，对于一直宠爱她的吴王，岂能不生出情谊？从人的本性来看，对于吴王的万千宠爱，又不可能没有一点好感，心中的矛盾痛苦，又能向谁诉说？做为越国女间谍的她，道出了“别有深恩酬不得”的感慨，最后只能“向君歌舞背君啼”，在吴王面前强作欢笑，继续歌舞让他沉浸在酒色之中，这是西施的职责；而内心却备受煎熬，在背地里暗自哭泣。这两句诗是从张籍的《吴宫怨》中化出的。张籍的诗中写道：“君心与妾既不同，徒向君前作歌舞。”张诗中的西施形象是一个逢场作戏、曲意奉承、别有用心的人物形象，毛诗却比张诗意更深刻。毛诗中的西施形象是有情有义、充满矛盾和人性的人物形象。这个形象也是诗人自己的写照。作者毛先舒，明末清初人，是一个大才子，为“西泠十子”之一，又与毛奇龄、毛际可齐名，被称为“浙中三毛，文中三豪”。他是明朝的诸生，明朝灭亡后，他不求闻达，不再入仕，坚决不与清统治者合作。清初为广聚人才，曾礼贤下士，但毛先舒以西施自况，表明了自己忠于明王朝的决心。

在咏西施的诗中，这首诗别出心裁，立意深远，是一首耐人寻味的好诗。

玉钩斜

（清）◎汪　琬

月观凄凉罗歌舞，三千艳质埋荒楚。宝钿罗帔半随身，踏作吴公台下土。春江如故锦帆非，露叶风条积渐稀。萧娘行雨知何处，唯见横塘蛱蝶飞。

汪琬（1624—1691），字苕文，号钝庵，晚号尧峰，又号玉遮山樵。长洲（今江苏吴县）人。顺治十二年（1655）进士，屡迁刑部郎中。后被疾假归，结庐尧峰山。康熙十八年（1679）召试“博学鸿儒”科一等，授翰林编修，纂修《明史》。有《钝翁类稿》、《尧峰文钞》等。

“玉钩斜”又叫宫人斜，据《广陵志》：“府治西北有玉钩斜，隋炀帝葬宫人处。”遗址在今江苏扬州市西北。这首诗是作者到扬州寻访古迹之作，隐约含蓄地谴责了隋炀帝的荒淫误国，也深寓着人世沧桑之叹。

前四句是对往昔的想象和追忆，写隋朝宫女的遭遇。“月观”，楼台名，在扬州城北。《扬州府志》：“宋徐谌之为南兖州刺史，以广陵城北多陂津，水草丰盛，乃建风亭、月观、吹台、琴台，竹木繁茂，花药成行。”“罗歌舞”，即盛设歌舞，据《拾遗记》载：“隋大业十年（614），炀帝至江都，选殿脚女吴绛仙等，使给事月观，常常月夜幸之。”开始一句，是以昔日的“罗歌舞”来衬托今日的“月观凄凉”，重点是写现在。在一片凄凉中，追思往事，这月观中曾经充满过多少欢乐，而如今却笼罩着一片冷落与悲哀。强烈的对比，一开始就有不胜今昔之感。接着写曾经在这月观中轻歌曼舞、极尽袅娜风流之态的三千宫女（即“艳质”），早已埋葬在这遍是杂树衰草的玉钩斜中了。然而作者又进一步追想当时情形：她们在死后被埋葬时，那“宝钿”（钿音diàn，形如花朵的首饰）、“罗帔”（帔音pèi，“罗帔”即丝织的披肩）还多半存留身上，临终时似乎还葆有着生前的媚态娇容。然而这一切如今安在？她们的艳质、宝钿和罗帔，都早已化为泥土，被深深地踏在吴公台下了。“吴公台”，在扬州城西北，刘宋时沈庆之所筑，陈朝时吴明彻又增筑，故叫吴公台。玉钩斜与吴公台同在城西北，作者故有此联想，自然而又形象，且富深意。这四句步步推进，而又间以顿挫，颇有一唱三叹之意。

后四句着重写眼前情景，江山如旧，而隋炀帝的风流韵事早已化为烟霭。“春江”句在前四句的描写之后，有意宕开一笔，从写宫女转到写隋炀帝开凿的大运河和在堤岸上的柳树。隋炀帝当年为了寻欢作乐，不惜动员倾国之力，开凿了通往江南的大运河，供他的游船航行之用。如今在这玉钩斜附近，运河一派春色，似乎依然如故，但是炀帝南行时那“春风举国裁风锦，半作障泥半作帆”（李商隐《隋宫》）的铺张豪华之举，却已化为历史陈迹，一去不复返了。炀帝时栽在运河两岸的垂柳，到春天本该发芽抽条了，但在风露中却只有稀疏的几条，多半已经老死了。这里面满含着往事如烟之意，充满着无穷的感慨。最后两句，作者从眼前的景象又想到炀帝的萧皇后。“萧娘”即萧后，炀帝最宠爱的皇后，隋亡后被突厥所掳，唐太宗灭突厥，入唐宫。“行雨”用宋玉《高唐赋》故事：楚王游高唐，梦见巫山神女来幽会，临去之前对楚王说：“旦为行云，暮为行雨。”这里“萧娘行雨”四字，指炀帝和萧后当年那些荒淫的风流韵事。然而如今已无迹可寻，只见那塘上蝴蝶正在翩翩飞舞。“横塘”是地名，在南京附近。崔颢《长干曲》有“君家何处住？妾住在横塘”之句。因南京与扬州很近，此以“横塘”代指扬州。末句“蛱蝶飞”，暗用了《庄子》中庄生梦蝶的故事，也用了李白《古风五十九首》中“庄子梦蝴蝶，蝴蝶为庄周。一体更容易，万事良悠悠”的诗意，非常深婉含蓄地暗示出炀帝虽然宫妾成群，萧后又姿色独绝，他们穷奢极欲一生，终于闹到身死国灭的地步，而这一切，又都化为过眼云烟，不见一丝踪影了。这里面，有对炀帝的谴责，也有对人世变幻无常的感叹，如同那空中飘忽飞舞的蝴蝶一样，叫人捉摸不定，给人留下了深长的意味。

这是一首七言古诗。一般说来，七言古诗讲求铺张扬厉，即使是短章也要写得气势阔大，而这一首的风格却迥然不同，写得迷离恍惚，风韵绵绵，耐人品味咀嚼。首先是作者把眼前之景与追想中的情景交迭互现，使今昔打成一片，造成了时间上的强烈变化之感，而人世沧桑之意自然而然地溢于言外。其次是作者对人物的描写，无论是歌舞的“三千艳质”，还是“行雨”的“萧娘”，都是在诗中点到后，紧接着即用跳跃的笔法，宕扬开去另说他事，若断若连，闪烁迷离。特别是隋炀帝，诗中事事与他有关，而他却始终没有完全露面，半隐半显，更给人一种神秘朦胧之感。再次是在声韵上，前四句纯用古诗句法，且用仄声韵，声情低抑，而后四句却用了律诗句法，两两对仗，并改用平声韵，声情上扬。这种声韵上的变化和对比，也增加了全诗的情韵，使得诗歌具有不同一般的新鲜风格。

曹雪芹（？—1763），名霑，字梦阮，号雪芹。满洲正白旗包衣人。《红楼梦》作者。

葬花辞

（清）◎ 曹雪芹

花谢花飞飞满天，红消香断有谁怜？游丝软系飘春榭，落絮轻沾扑绣帘。闺中女儿惜春暮，愁绪满怀无着处。手把花锄出绣帘，忍踏落花来复去？柳丝榆荚自芳菲，不管桃飘与李飞。桃李明年能再发，明年闺中知有谁？三月香巢初垒成，梁间燕子太无情！明年花发虽可啄，却不道人去梁空巢已倾。一年三百六十日，风刀霜剑严相逼。明媚鲜妍能几时，一朝飘泊难寻觅。花开易见落难寻，阶前愁杀葬花人。独把花锄偷洒泪，洒上空枝见血痕。杜鹃无语正黄昏，荷锄归去掩重门。青灯照壁人初睡，冷雨敲窗被未温。怪侬底事倍伤神，半为怜春半恼春。怜春忽至恼忽去，至又无言去不闻。

昨宵庭外悲歌发，知是花魂与鸟魂？花魂鸟魂总难留，鸟自无言花自羞。愿侬此日生双翼，随花飞到天尽头。天尽头，何处有香丘？未若锦囊收艳骨，一抔净土掩风流。质本洁来还洁去，不教污淖陷渠沟。尔今死去侬收葬，未卜侬身何日丧？侬今葬花人笑痴，他年葬侬知是谁？试看春残花渐落，便是红颜老死时。一朝春尽红颜老，花落人亡两不知。

《红楼梦》中诗词曲极多，而以黛玉《葬花辞》为第一。这首歌辞在小说中，是完成黛玉这一人物形象的重要一笔。

黛玉早失父母，可谓薄命。她心性甚高，住在贾府，常有寄人篱下之感，所以小性儿。到了情窦初开的年龄，周围男性，除了一个宝玉，全是浊物。尽管彼此倾心，但由于种种原因，难于相互表白，只能不断试探，一会儿好了，一会儿又恼了。葬花的前一天，她到怡红院去，恰好晴雯和碧痕拌了嘴，听见敲门也不问是谁，硬是不开。善感的她在情感受到伤害，接下来就有葬花和《葬花辞》。歌辞的关键词是“孤”、“洁”二字。

从“花谢花飞飞满天，红消香断有谁怜”到“怜春忽至恼忽去，至又无言去不闻”三十二句写感春、惜花、自伤身世。诗中出现了暮春落花和少女葬花的感伤场面。这位少女望着满天白雪红雨般的飞花，十分痛心，她不禁手把花锄，想要收葬销香殒玉，徘徊久之，怆然泣下，然后回到冷冰冰的闺房中拥衾假寐。这幅图画虽然是曹雪芹构思的，但其语言材料和某些情节，却并非空无依傍。唐刘希夷《代悲白头翁》的绝妙好辞云：“洛阳城东桃李花，飞来飞去落谁家？洛阳女儿惜颜色，行逢落花长叹息。今年落花颜色改，明年花开复谁在？……古人无复洛城东，今人还对落花风。年年岁岁花相似，岁岁年年人不同。”这些精髓，几乎都被曹雪芹吸收了，那文采，那句调，真正像煞：“花谢花飞飞满天，红消香断有谁怜？……闺中女儿惜春暮，愁绪满怀无着处。手把花锄出绣帘，忍踏落花来复去？柳丝榆荚自芳菲，不管桃飘与李飞。桃李明年能再发，明年闺中知有谁？”明代唐伯虎作《花下酌酒歌》：“今日花开又一枝，明日来看知是谁？明年今日花开否？今日明年谁得知。”《一年歌》云：“一年三百六十日，春夏秋冬各九十。冬寒夏热最难当，寒则如刀热如炙。”都可在本篇中看到影子。不同的是，这里的描写更细腻了（如“游丝软系飘春榭，落絮轻沾扑绣帘”），铺叙更恣肆了（如“独把花锄偷洒泪，洒上空枝见血痕”前后

十余句），特别是有更多的情节性——主要是“葬花”这一构思，简直是绝妙的发明！

不过，真正属于曹雪芹锦心绣口的，是从“昨宵庭外悲歌发，知是花魂与鸟魂”直至篇终二十句，即诗的后半部分，简直是翻空出奇！曹氏真不愧是伟大的小说家，他这里虚构了一个夜半歌声的细节，令人毛骨悚然。就像小说第七十五回“开夜宴异兆发悲声”所写的那从祠堂墙下传来的令宴会众人毛发倒竖的长叹之声，女主人公猜测，那悲歌不是出自花魂便是出自鸟魂，这奇妙的猜想，却正符合她的心情和个性特点。以下便从花魂鸟魂的难留突发异想，希望像鸟那样生出翅膀，好随落花远飞天涯，然后用短句作顿挫：“天尽头，何处有香丘？”看来天边也找不到归宿安息的场所，还不若锦囊葬花的好。“未若锦囊收艳骨，一抔净土掩风流。质本洁来还洁去，不教污淖陷渠沟”，这几句将黛玉的洁癖真是写绝了。她就是那样一个“世外仙姝寂寞林”，为了保全芳洁，不惜求全之毁。这几句造境虽然很虚，但联系到她周围那姓贾、姓薛的公子哥儿们组成的肮脏的男性世界，这“不教污淖陷渠沟”一句应有非常实在的内容。这一段写花写人，有时若即，有时若离，颇有“花面交相映”之妙。“尔今死去侬收葬，未卜侬身何日丧？侬今葬花人笑痴，他年葬侬知是谁？”便花自花、我自我，然而由惜花转入顾影自怜，最是黄绢幼妇，痴绝妙绝，十分传神地刻画出一个心地善良而身世不幸、多愁多病的美丽的少女形象，楚楚动人。从此，黛玉的形象便深刻在读者的心中。“试看春残花渐落，便是红颜老死时。一朝春尽红颜老，花落人亡两不知”，这里又花人合一，陷入极度的感伤之中。这用血泪铸成的诗句，后来竟成了这位纯洁少女的诗谶。

“春尽”、“花落”、“人亡”，美好的事物不免遭受无情风雨的摧残，人间无法长保花好月圆。天道为什么这样无情？人间为什么这样冷酷？这就是作者通过黛玉这个少女之口发出的“天问”。全诗的中心形象是葬花的人——抒情女主人公黛玉，而陪衬的形象是被葬的花——暮春时节的落花，背景是即将消逝的春天，似乎这三者是各不相干的。然而“忽至忽去”的青春，容易飘零的桃李，对于红颜薄命的女主人公，无一不具象征的妙用，所以，春、花、人，在这个意义上又是三位一体的。这里读者又看到诗人善于造境的才能。《葬花辞》的韵度基本上属于“四杰体”变格，具有回环往复而又一气贯注之节奏旋律。而全诗的语言，又是流转天然而又富于文采，十分符合一个受过较高层次教育的大家闺秀的身份。曹雪芹真不愧为一代语言大师。